Die besten Rezepte aus Sachsen

Ein Bissen guter Nahrung entscheidet oft, ob wir mit hohlem Auge oder hoffnungsreich in die Zukunft schauen ...

Friedrich Nietzsche

Ute Scheffler

Die besten Rezepte aus Sachsen

BuchVerlag
für die Frau

Titel: Porreegemüse, Rezept Seite 71
Wenn nicht anders bezeichnet, sind alle Rezepte für 4 Personen gedacht.

Titel: Schloss Wackerbarth; Seite 2: Albrechtsburg Meißen; Seite 6: Elbschlösser Dresden; Seite 8: Diesbar-Seußlitz; Seite 16: Schloss Wolkenstein; Seite 28: Sächsische Schweiz; Seite 42: Blick zum Fichtelberg; Seite 50: Schloss Augustusburg; Seite 58: Fischteiche Schloss Moritzburg; Seite 66: Muldelandschaft bei Grimma; Seite 78: Leipzig-Plagwitz

ISBN 978-3-89798-362-5

© BuchVerlag für die Frau GmbH, Leipzig 2012

Fotos: Archiv der Autorin, Archiv des Verlages, Uwe Bender (2, 8), fotolia.com, Uwe Hämsch (Titel, 10, 26, 71)

Umschlag: Uta Wolf, Leipzig

Innenlayout, dtp-Satz: LEcreativ, Leipzig

Druck und buchbinderische Verarbeitung: Print Consult GmbH, München

Printed in Slovakia

www.buchverlag-fuer-die-frau.de

Inhalt

Sächsisches *Allerlei*

Wann haben Sie das letzte Mal den Geschmack eines weichen, warmen Quarkkeulchens genossen? Oder sind der Verführung eines dampfenden Grünen Kloßes erlegen, konnten dem sanften Schmelz der Buttersoße auf marktfrischem Gemüse nicht widerstehen, mussten unbedingt ein Stück vom Wurzelkarpfen probieren oder den Mutzbraten direkt vom Grill kosten? Vielleicht sind Ihnen gar *Klitzscher*, *Getzen*, *Schibbicken* und *Spälkle* ein Begriff ? Dann kennen Sie sich mit der sächsischen Küche aus!

Kritiker werden sofort einwenden, dass es *die* sächsische Küche gar nicht gibt, sondern zwischen Plauen und Görlitz, zwischen Delitzsch und Annaberg-Buchholz eine Vielzahl regionaler Küchen heimisch ist. Stimmt. Ein wahres *Allerlei* zeichnet die sächsische Kochkunst aus. Im Erzgebirge spricht man nicht nur anders als im Vogtland oder der Oberlausitz, man kocht auch anders. Leipziger sind mit Dresdnern nicht vergleichbar und mit Chemnitzern schon gar nicht. Auch was auf den Herd kommt, und vor allem, wie es zubereitet wird, lässt sich nicht in einen Topf werfen. Zum Glück, denn es sind gerade diese regionalen Besonderheiten, die für Vielfalt auf Sachsens Tischen sorgen.

Den Sachsen sagt man Vieles nach, doch niemand kann leugnen, dass sie erfindungsreich und *fichelant* sind. Es gibt so Manches, was sie anderen voraushaben: das erste europäische Porzellan, die größte europäische Schatzkammer, den ersten Deutschen im All, das höchste europäische Denkmal – und das unnachahmliche Geschick, aus Wenig Viel zu machen. Das stellen sächsische Hausfrauen und -männer, Köche und Köchinnen, Bäcker und Konditoren seit Jahrhunderten unter Beweis.

Dennoch – oder gerade deshalb – sind die Lieblingsgerichte der Sachsen bodenständig und geben sich bescheiden. Es muss eben nicht teuer sein, was ein wahrer Gaumenschmaus ist, und ein Hang zur Wirtschaftlichkeit ist den Sachsen nun einmal eigen. Der hat auch dafür gesorgt, dass in den Rezepten nur selten jene „exotischen" Güter eine Rolle spielen, die der erquickliche Fernhandel ins Land brachte. Dabei wäre es nicht verwunderlich, wenn man in Sachsen aus dem Vollen schöpfen würde. Schließlich liegt das Land mehr als günstig an den großen Fernstraßen der Geschichte, der *Via Regia* in West-Ost-Richtung und der *Via Imperii* in Süd-Nord-Richtung.

Davon profitierte übrigens zu allen Zeiten nicht nur Leipzig, das genau im Schnittpunkt beider Straßen liegt, sondern das ganze Land. Gesalzene Heringe von der Nordsee, Gewürze und Früchte aus dem Süden Europas, Kaviar aus den Weiten Russlands, Kaffee aus dem fernen Arabien oder Kakao von Übersee – wer denn wollte (und das Geld hatte), konnte alles haben. Doch, wie gesagt, die Sachsen sind bescheiden und nutzen vor allem das, was im eigenen Land wächst.

Dass sie es bei der Zubereitung dieser im besten Sinne des Wortes regionalen Gerichte zu wahrer Meisterschaft gebracht haben, beweisen die folgenden Rezepte. Viel Spaß beim Ausprobieren und

Guten Appetit!

Geschnippeltes &
Rausgeputztes

Salate • Appetitmacher

Borsdorfer Apfelsalat

Die Äpfel schälen, vierteln und ohne Kerngehäuse in Würfel schneiden. Mit Zitronensaft beträufeln. Die Geflügelleber in der Margarine kurz braten, salzen und klein schneiden. Noch warm mit den Äpfeln vermengen.
Zwiebeln, Meerrettich, Mayonnaise und saure Sahne verrühren, würzen und über die Apfel-Leber-Mischung geben.

4 große Äpfel • Zitronensaft
Margarine zum Braten
250 g Geflügelleber • Salz
1 TL fein gehackte Zwiebeln
1 TL geriebener Meerrettich
2 EL Mayonnaise
2 EL saure Sahne
Pfeffer • Zucker

Bunter Salat mit Spinat

Den Spinat verlesen, gut waschen, trockentupfen. Die Zwiebel schälen und fein hacken. Tomaten und Radieschen in Scheiben schneiden. Alles gut mischen.
Die hart gekochten Eier schälen, geviertelt unter den Salat geben.
Basilikumblättchen ab- und Dill in mundgerechte Stücke zupfen, zum Salat geben.
Essig, Öl, Salz und Pfeffer mischen und über den fertigen Salat geben. Großzügig mit essbaren Blüten bestreuen.

100 g Babyspinat • 1 Zwiebel
2 Tomaten • 5 Radieschen
4 Eier
je 1 Bund Basilikum und Dill
2 EL Weinessig • 2 EL Öl
Pfeffer • Salz
essbare Blüten (z. B. Kapuzinerkresse, Hornveilchen)

Bunter Kartoffelsalat

250 g Frühkartoffeln
je 1 rote, grüne und gelbe
Paprikaschote • 1 Salatgurke
1 kleiner Kohlrabi
2 große Gemüsetomaten
je 100 g grüner und roter
Mangold oder 200 g Spinat
1 Zwiebel • 3 Knoblauchzehen
100 g enthülste Erbsen
3 EL Balsamico-Essig
6 EL Olivenöl • Salz • Pfeffer
4 EL gehackte Kräuter

Kartoffeln gut abreiben, weich kochen, pellen und würfeln. Paprikaschoten waschen, entkernen und in feine Streifen schneiden. Gurke schälen und in Scheiben hobeln. Kohlrabi schälen und in Würfel schneiden. Tomaten ebenfalls würfeln. Mangold bzw. Spinat (am besten schmeckt Babyspinat) waschen und trockenschütteln. Zwiebel und Knoblauch sehr fein würfeln. Das vorbereitete Gemüse mit den Kartoffeln mischen.

Aus Essig, Öl, Salz, Pfeffer und Kräutern ein Dressing rühren und über den Salat gießen, vorsichtig alles vermengen, eventuell nachwürzen.

Gurken-Kartoffel-Salat

Die abgekühlten, gepellten Kartoffeln in dünne Scheiben schneiden. Die geschälte grüne Gurke hobeln und dazugeben, mit Salz und Pfeffer würzen. Alle Zutaten locker vermischen und reichlich mit gehacktem Dill bestreuen.
Dazu schmecken Spiegeleier.

1 kg Pellkartoffeln
1 Glas Mayonnaise oder
200 ml Essig-Öl-Marinade
375 g grüne Gurke
Salz • Pfeffer
frischer Dill

Rapünzchen

Den Feldsalat putzen, waschen und trockenschleudern. Für das Dressing Essig, Öl, Salz, Pfeffer und fein gehackte Zwiebel verrühren. Die Walnüsse mit heißem Wasser überbrühen und die Haut entfernen, zerkleinern. Gemeinsam mit dem Dressing zum Salat geben.
Den Apfel in Spalten schneiden, mit etwas Zucker in Früchtetee dünsten und zum Salat reichen.

1 Pck. Feldsalat
(Rapünzchen)
2 EL Essig • 3 EL Öl
Salz • Pfeffer
1 kleine Zwiebel
70 g Walnüsse
1 Apfel
Zucker • Früchtetee

Im Mai 1716 richtete der Hallesche Rat für Johann Sebastian Bach, ab 1723 Thomaskantor in Leipzig, ein Festessen aus. Zu den verbürgten sechs Gängen gehörten auch „Abschnitte vom Schinken aus dem Rauch mit Spargel, Rapünzchen und Rettigem" sowie „Geräucherter Schinken mit Brot an lauwarmem Spargelsalat garniert mit Radieschen".

Fruchtiger Spargelsalat

300 g weißer Spargel
300 g grüner Spargel
1 – 2 EL Zitronensaft
250 – 300 g Erdbeeren
100 g Crème fraîche
3 EL Orangensaft
2 EL Estragon-Essig
2 EL Sonnenblumenöl
Salz • Pfeffer

Spargel waschen, den weißen schälen, vom grünen nur die Enden abschneiden und die Stangen in etwa 3 cm lange Stücke schneiden. In kochendem Salzwasser, dem etwas Zitronensaft zugegeben wurde, bissfest garen. Abgießen und abkühlen lassen.

Die Erdbeeren waschen, putzen und vierteln. Den Orangensaft mit Crème fraîche, Essig und Öl verrühren, mit Salz und Pfeffer abschmecken. Spargelstücke und Erdbeeren in einer Schüssel mischen. Salatsoße darübergeben.

Sächsischer Heringssalat

1 kg Kartoffeln • 2 Rollmöpse
1 Gewürzgurke • 1 Zwiebel
2 große Äpfel • 4 EL Essig
1/8 l Brühe • 2 EL Öl
Salz • Pfeffer • 1 EL Senf
etwas Zucker • 2 Eier

VARIATION

Kapern und/oder Rote Beete zum Salat geben

Kartoffeln mit Schale kochen und noch heiß pellen. Rollmöpse und Gewürzgurke in mundgerechte Stücke schneiden. Zwiebel und Äpfel schälen und würfeln.

Aus Essig, Brühe, Öl, Salz, Pfeffer und Senf eine Marinade rühren, mit Zucker abschmecken. Über die vorbereiteten Zutaten geben, alles vermengen und gut durchziehen lassen. Vor dem Servieren nochmals abschmecken. Den Salat mit Vierteln von hart gekochten Eiern anrichten.

Neunerlei

1 kg Pellkartoffeln
1/8 l Essigwasser • Salz
1/2 Lorbeerblatt
2 Gewürzkörner • 1 Zwiebel
3 Äpfel • 1 saure Gurke
(beides in Würfel geschnitten)
klein geschnittene gare
Kaninchenfleischreste
1 Tasse sauer eingelegte Pilze
2 hart gekochte Eier
Öl oder Mayonnaise

Die Kartoffeln abgekühlt pellen und in nicht zu kleine Würfel schneiden.

Das Essigwasser mit Salz, Lorbeerblatt und Gewürzkörnern aufkochen, vom Herd nehmen und sofort die fein geschnittene Zwiebel zugeben.

Kartoffel-, Apfel-, Gurken- und Fleischwürfel sowie Pilze locker vermengen. Die Eier schälen und vierteln oder in Scheiben schneiden. Zuletzt das Essigwasser und Öl (bzw. nach Geschmack auch die Mayonnaise) zugeben. Abschmecken.

Ursprünglich war das „Neunerlei" das Festessen für den Heiligen Abend. Im Vogtland wie im Erzgebirge war es Brauch, an diesem besonderen Tag neun regionale Gerichte und Gewürze aufzutischen: Brot, Hirse- oder Linsenbrei, Sauerkraut, Klöße oder Kartoffeln, Wurst oder Hering, Semmelmilch, Preiselbeeren, Stollen und Salz. Die Zubereitung konnte variieren, ihre Bedeutung jedoch war genau festgelegt. So standen zum Beispiel Bratwurst für Herzlichkeit und Kraft, Linsen für genügend Kleingeld und der Nachtisch für Lebensfreude.

Schieböcker

Für diese rustikale erzgebirgische Käse-Spezialität den Harzer Käse in Stücke schneiden. Den Camembert vom Edelschimmel befreien und ebenfalls klein schneiden.

In einer antihaftbeschichteten Pfanne bei geringer Hitze die Butter schmelzen (sie darf nicht braun werden), Bier angießen. Dann den klein geschnittenen Käse zugeben und unter ständigem Rühren zerlaufen lassen. Er muss dickflüssig und ohne Klümpchen sein, gegebenenfalls noch etwas Bier zugeben. Die Masse kräftig salzen und pfeffern, Kümmelkerne zugeben und nach Belieben mit etwas Paprika abschmecken. Nochmals gut durchrühren. Die Masse in ein Schraubglas oder eine Schüssel füllen und mindestens über Nacht in den Kühlschrank stellen.

Schieböcker mit Schwarzbrot, Zwiebelringen und Gewürzgurke servieren.

Bis zum 40. Geburtstag ist es besser zu essen und dann zu trinken. Danach gilt das Umgekehrte.

Friedrich Arnold Brockhaus

2 Stangen Harzer Käse
1 Camembert (beide Käse sehr reif)
160 ml Bier • 80 g Butter
Salz • Pfeffer
Kümmel (ungemahlen)
Paprikapulver

VARIATIONEN

- beim Schmelzen der Butter 1 – 2 Knoblauchzehen in die Pfanne geben (vor dem Umfüllen herausnehmen)
- Schwarzbier verwenden
- ca. 50 g Quark (Magerstufe) unter die Käsemasse rühren

Ein *feines*

Süppchen

Suppen · Eintöpfe

Erzgebirgische Frühlingssuppe

Spinat und Kräuter waschen und feinwiegen. Die Fleischbrühe zum Kochen bringen. Die Eigelb mit Mehl und Sahne verquirlen, die Suppe damit abziehen. Würzen. Die Kräuter in warmer Butter schwenken und zur Suppe geben. Ziehen, aber nicht kochen lassen. Als Einlage passen geröstete Semmelwürfel oder Spargelköpfchen.

100 g frischer Spinat (am besten Babyspinat verwenden)
1/2 Bd. Bärlauch
1 Bd. Petersilie • 300 g Kerbel (oder Borretsch)
1 l Fleischbrühe • 2 Eigelb
1 EL Mehl • Sahne
Salz • Pfeffer • Muskatnuss
50 g Butter

Sächsischer Suppentopf

Gemüse putzen und in kleine Stücke schneiden. Margarine in einem großen Topf erhitzen und das Gemüse etwa 20 Minuten darin dünsten. Mehl darüberstreuen und gut durchschwitzen lassen. Mit etwas kaltem Wasser glattrühren.
Nach und nach mit Fleischbrühe aufgießen, ca. 10 Minuten köcheln lassen.
Petersilie und Selleriekraut feinhacken und zur Suppe geben, etwas ziehen lassen und mit Salz und Pfeffer abschmecken.

1 Kohlrabi • 1 Porreestange
3 – 4 Möhren • 1/2 Sellerie
40 g Margarine • 40 g Mehl
1 EL Salz
1 1/4 l Fleischbrühe
Petersilie • Selleriekraut
Pfeffer

Sorbische Hochzeitssuppe

Für die Brühe:

500 g Rindsknochen

2 Zwiebeln

1 Bund Suppengrün

1 Lorbeerblatt • Pimentkörner

1 Kräutersträußchen

Salz • Pfeffer

100 g Erbsen • 100 g Möhren

Petersilie

Für die Leberklößchen:

200 g Rindsleber • 1 Ei

50 g geriebene Semmel

Muskat • Salz • Pfeffer

1 l Salzwasser

Für den Eierstich:

4 Eier • 200 ml Milch

Salz • Muskat

Die Knochen in 1 Liter Wasser zum Kochen bringen, dann gründlich abschäumen.

Zwiebeln schälen, vierteln und in der Pfanne kurz andünsten, zur Brühe geben. Das in grobe Stücke geteilte Suppengrün, etwas Salz, die Pimentkörner, das Kräutersträußchen und das Lorbeerblatt zugeben. Alles ca. 1 1/2 Stunden köcheln lassen. Dann die Knochen herausnehmen und die Brühe durchsieben.

Parallel dazu die geschnittenen Möhren und die Erbsen in Salzwasser garen. Die Leber durch den Fleischwolf drehen, mit den Zutaten vermengen und kalt stellen. Kleine Klößchen formen, in kochendes Salzwasser geben und köcheln, bis sie an der Oberfläche schwimmen. Herausnehmen.

Für den Eierstich alle Zutaten vermengen, in eine gefettete Form geben und in ein warmes Wasserbad stellen oder im Backofen zum Stocken bringen. Nach dem Abkühlen den Eierstich in Würfel schneiden und mit den Möhren, Erbsen und Leberklößchen in die Brühe geben.

Noch einmal kurz erwärmen, aber nicht mehr kochen, und mit gehackter Petersilie servieren.

Bornaer Zwiebelsuppe

Die geschälten Kartoffeln würfeln und in der Brühe mit Kümmel und Salz 15 Minuten kochen. Inzwischen Speckwürfel und Zwiebelscheiben in der Margarine 10 Minuten dünsten, mit Mehl bestäuben und zur Suppe geben. Gut verrühren. Einige Minuten ziehen lassen.

Geriebene Äpfel und Meerrettich in die saure Sahne rühren, die Suppe damit abschmecken, eventuell etwas nachsalzen.

500 g Kartoffeln
1 1/2 l Fleischbrühe
1 TL Kümmel • 1 TL Salz
30 g Speck • 400 g Zwiebeln
50 g Margarine • 1 EL Mehl
2 Äpfel • 2 EL Meerrettich
1/4 l saure Sahne

Sächsische Kartoffelsuppe

500 g Kartoffeln
1 Wurzelwerk • 1 Zwiebel
40 g Butter • 20 g Mehl
1 EL Salz • Pfeffer
Petersilie

Die Kartoffeln schälen, in kleine Stücke schneiden und in kaltem Wasser ansetzen. Erhitzen, bis sich weißer Schaum bildet, dann das Wasser abgießen (1 Tasse für die Mehlschwitze zurückbehalten). Das Wurzelwerk und die fein geschnittene Zwiebel in Butter 20 Minuten dünsten. Die Kartoffeln und das gedünstete Gemüse jetzt in 1 1/2 Liter heißes Salzwasser geben und garen, bis sie weich sind (ca. 15 bis 20 Minuten). Anschließend durch ein Sieb streichen. Das Mehl im erkalteten Kartoffelwasser anrühren und die Suppe damit binden, nochmals aufkochen. Mit Petersilie bestreuen.

Saure Kartoffelstückchen

1 1/2 kg Pellkartoffeln
50 g Margarine • 50 g Mehl
2 EL Salz • 4 EL Essig
1 Zwiebel (in feine Würfel
geschnitten)
2 saure Gurken (in Scheiben
geschnitten) • Petersilie

Kartoffeln kochen, pellen und in Stücke schneiden. Eine Mehlschwitze bereiten, mit Salz und Essig würzen. Die Kartoffeln sowie die Zwiebel zugeben. Mit 1 1/2 Liter Wasser aufgießen und zum Kochen bringen. Die sauren Gurken zugeben und ohne Kochen etwas ziehen lassen. Mit gehackter Petersilie bestreuen. Dazu passen gebratene Pilze.

Dresdner Marktfrauen-Ragout

160 g Rindfleisch (Bruststück
zum Kochen)

600 g Kartoffeln

650 g Möhren

160 g Schweinebraten-Reste

160 g Makkaroni

20 g Margarine • 80 g Mehl

1 EL Tomatenmark

1/4 l Rotwein

1/2 l Gemüsebrühe

Salz • Essig • etwas Zucker

frische Gartenkräuter

Essen und Trinken ist nicht verboten, sondern allerlei Speisen und einen kleinen Trunk zur Freude zu tun, ist erlaubt.

Das aber heißt nicht recht fasten, dass man dem Leibe nicht mehr Speise gibt als nötig.

Martin Luther

Die Rinderbrust weich kochen und in kleine Stücke schneiden. Kartoffeln schälen, in Würfel schneiden. Die Möhren putzen, in Scheiben schneiden und gemeinsam mit den Kartoffeln weich kochen. Makkaroni ebenfalls bissfest garen.

Die Reste vom Schweinebraten ebenfalls in Würfel schneiden.

In einer großen Pfanne die Margarine erhitzen, Mehl einrühren und bräunen lassen. Tomatenmark unterrühren. Mit Rotwein ablöschen und nach und nach unter Rühren mit Gemüsebrühe auffüllen. Etwas einkochen lassen, dann kräftig mit Salz, Essig und Zucker abschmecken.

Die Kartoffel- und Möhrenwürfel sowie die Makkaroni in die Soße geben, etwas ziehen lassen. Zum Schluss die Fleischwürfel unterheben. Vor dem Servieren mit gehackten Kräutern bestreuen.

Dazu schmecken ofenfrisches Schwarzbrot und ein frischer Salat.

Altdresdner Rindfleischtopf

Die Markknochen gut waschen und in ca. 2 Liter Salzwasser zum Kochen bringen, die Rinderbrust dazugeben. Auf kleiner Flamme ca. 2 1/2 Stunden köcheln lassen. Zwischendurch immer wieder den Schaum abschöpfen. Nach 2 Stunden die Knochen herausnehmen und das geputzte und klein geschnittene Suppengemüse (Blumenkohlröschen, aber auch Sellerie sind eine gute Ergänzung) zugeben. Nach weiteren 15 Minuten Kochzeit den Reis zur Suppe geben.

Für die Klößchen Milch, Butter und Salz aufkochen lassen, das Mehl hinzugeben und bei geringer Hitze solange rühren, bis sich die Masse vom Topfboden löst. Den Topf vom Herd nehmen, ein Ei, frisch geriebene Muskatnuss und etwas später das zweite Ei unterrühren.

Das Fleisch aus der Brühe nehmen und warm stellen. Dann mit einem feuchten Teelöffel kleine Klößchen vom vorbereiteten Teig abstechen und in die siedende Suppe geben. Ca. 10 Minuten ziehen lassen.

Das Fleisch in mundgerechte Stücke schneiden und mit der Petersilie zur Suppe geben.

Für die Brühe:
300 g Markknochen vom Rind
500 g Rinderbrust
300 g Suppengemüse
(Möhren, Erbsen, Porree,
Kohlrabi, auch Erbsen)
150 – 200 g Reis • Petersilie

Für die Klößchen:
25 g Butter • 1/4 l Milch
1/2 TL Salz
125 g Mehl • 2 Eier
Muskatnuss

Sächsische Warmbiersuppe

1/2 l Milch • 1 EL Mehl
2 Eigelb • 3/8 l Schwarzbier
Salz • 1 EL Zucker
Zimt • kandierter Ingwer
einige Zitronenscheiben

Es sind ja gantze Völker, als unter andern die Frantzosen, deren vornehmstes Gerichte täglich in Suppen bestehet, die solche reichlich geniessen, und doch dabey gesund bleiben.

Johann Heinrich Zedler

Von der Milch eine volle Tasse abnehmen, den Rest zum Kochen bringen. Das Mehl in der beiseite gestellten Milch anrühren, die kochende Milch damit andicken. Vom Herd nehmen und die Eigelb zügig in die Suppe einrühren. Warm stellen, aber nicht mehr kochen.

In einem anderen Topf das Bier mit einer Prise Salz, dem Zucker und etwas Zimt ansetzen. Kandierte Ingwerstücke und Zitronenscheiben zugeben (Menge dem eigenen Geschmack anpassen), alles gut verrühren und erhitzen, kurz aufkochen lassen und durch ein Sieb zur Milchsuppe geben. Umrühren und sofort heiß servieren.

Radeberger Weinsuppe

150 g Zucker
1 Stück Zimtrinde
125 g Semmelmehl
1 l helles Bier
1/2 Fl. Apfelwein

Zucker und Zimtrinde einige Minuten in ca. 150 bis 200 ml Wasser kochen. Die Zimtrinde entfernen und das Semmelmehl einrühren.

Das Bier und den Wein zugießen, kräftig umrühren. Stark erhitzen, aber nicht mehr kochen lassen. Sehr heiß servieren.

Tannhäuser-Suppe

Die Äpfel schälen und in kleine Würfel schneiden, in einer Pfanne in Butterschmalz anbraten.

Die Sellerieknolle schälen und in feine Würfelchen teilen. In einem Topf fein gehackte Zwiebeln in Butterschmalz andünsten, mit Sekt ablöschen. Den Sellerie dazugeben und ca. 10 Minuten köcheln lassen. Danach mit Apfelsaft und der Gemüsebrühe auffüllen. Alles zusammen 10 bis 15 Minuten bei mittlerer Hitze ziehen lassen. Dann die Apfelstücke zugeben (einige Apfelstücke zum Garnieren beiseite stellen) und weitere 5 Minuten köcheln lassen. Die Suppe pürieren, anschließend noch durch ein Sieb streichen.

Abschließend Crème fraîche einrühren, nochmals erhitzen, aber nicht mehr kochen. Majoranblättchen von den Stielen zupfen und dazugeben, mit Paprikapulver abschmecken und salzen.

In vorgewärmte Suppenteller Apfelstückchen und je einen Esslöffel Honig oder Ahornsirup geben und mit der Suppe auffüllen.

500 g säuerliche Äpfel
(z. B. Boskop)
Butterschmalz
500 g Sellerie • 2 Zwiebeln
200 ml trockener Sekt
250 ml Apfelsaft
200 ml Gemüsebrühe
250 g Crème fraîche
2 Sträußchen frischer
Majoran • Paprikapulver
Meersalz • 4 EL Honig

Richard Wagners Oper „Tannhäuser" erlebte im Oktober 1845 am Hoftheater in Dresden ihre Uraufführung, die Wagner als Königlich-Sächsischer Kapellmeister selbst leitete. Auch „Rienzi" und „Der fliegende Holländer" hatten in der sächsischen Residenzstadt Premiere.

Leipziger Schibbickensuppe

1 kg Holunderbeeren
150 – 200 g Zucker
2 EL Stärkemehl
2 Eiweiß
abgeriebene Schale von
1/2 Zitrone
Zwieback (oder Brötchen)
nach Geschmack

Reife Holunderbeeren waschen, von den Dolden abstreifen und in 2 Liter Wasser kochen. Den Fruchtsaft durch ein engmaschiges Sieb (am Besten mit einem Tuch ausgelegt) geben, um ihn von den zerkochten Früchten zu trennen.

Zucker und Mehl vermischen, in etwas Saft auflösen und in die Suppe rühren, mit Zitronenschale abschmecken und nochmals aufkochen lassen.

Die Suppe auf 4 Teller verteilen und das zu Schnee geschlagene Eiweiß zur Garnierung auf die violette Suppe geben.

Wer mag, kann Zwieback oder Brötchen zur Suppe reichen, die dann jeder ganz nach Belieben und typisch sächsisch „einditschen" kann.

Holunder (Fliederbeeren oder „Schibbicken", wie man die Beeren im alten Leipzig nannte), gehört seit jeher zu den Lieblingen der Leipziger Küche. Schon Goethe genoss Fliederbeerkuchen in Händels Kuchengarten und hat dem Zuckerbäcker sogar ein poetisches Denkmal gesetzt.
Wie der Kuchen muss auch die Suppe sehr heiß gegessen werden.

Wermsdorfer Karpfensuppe

Den Karpfen filetieren, dann Gräten, Flossen und Kopf mit klein geschnittenem Wurzelwerk und den Gewürzen ansetzen.

Möhren, Zwiebeln und Sellerie putzen, waschen und in Streifen schneiden. Gemüse mit Margarine anschwitzen, Tomatenmark zugeben und mit dem passierten Fischsud auffüllen. Etwas abgeriebene Zitronenschale zur Suppe geben, abschmecken. Karpfenfilets in Streifen schneiden, im Sud gar ziehen lassen. Heiß auf Teller verteilen. Mit Zitronenscheibe und gehackter Petersilie servieren.

800 g Karpfen • 1 Wurzelwerk
Lorbeer • Piment
Salz • weißer Pfeffer
150 g Möhren
200 g Zwiebeln
100 g Sellerie
50 g Margarine
3 EL Tomatenmark
1 Zitrone • Petersilie

Und am Sonntag einen feinen Braten

Fleischgerichte

Schmorbraten

Den Speck in feine lange Streifen schneiden und damit das Fleisch spicken. 1/4 Liter Wasser in einer Kasserolle mit Salz, Lorbeerblatt, zerdrückten Nelken, den Pfefferkörnern sowie Zwiebelwürfeln und Zitronensaft zum Kochen bringen. Das Fleischstück in das heiße Wasser geben und fest zugedeckt ca. 2 bis 3 Stunden schmoren. Danach herausnehmen. In einem Tiegel Butter erhitzen und Fleisch von allen Seiten schnell braun braten.

Aus restlichem Bratensaft, Bratenbutter, Mehl und saurer Sahne eine Soße rühren, mit Paprika und etwas scharfem Senf pikant abschmecken.

100 g Speck
1 kg Rindfleisch
1 TL Salz • 1 Lorbeerblatt
6 Wacholderbeeren • 6 Nelken
6 grüne Pfefferkörner
1 Zwiebel
Saft von 1 Zitrone oder
1 EL Essig
3 EL Butter • 1 EL Mehl
1/4 l saure Sahne
Paprikapulver • etwas Senf

Wernersgrüner Gulasch

Die in Scheiben oder Würfel geschnittenen Zwiebeln in heißem Fett glasig dünsten.

Die Fleischwürfel in Mehl wälzen und in heißem Öl kräftig anbraten. Zwiebeln, Salz, Pfeffer, Zitronenschale und Bier zugeben und zugedeckt gar schmoren. In der Sahne das Stärkemehl verrühren und damit das Gericht binden.

Dazu passen Klöße, aber auch dicke Nudeln.

400 g Zwiebeln
500 g Rindsgulasch
Mehl • 2 EL Öl
Salz • Pfeffer
Zitronenschale
1/2 – 1 Fl. Wernesgrüner Pils
1/8 l Sahne
2 TL Stärkemehl

Mutzbraten

600 g Schweinekamm
(ausgelöst)
Salz • Pfeffer • 1 EL Majoran
1 TL Thymian • 2 EL Senf
1 EL Öl
250 ml Schwarzbier
1/2 Knoblauchzehe
1 Zwiebel • 20 g Margarine

Das Fleisch vierteln, mit Salz, Pfeffer, Majoran und Thymian einreiben, mit Senf bestreichen und mit Öl beträufeln, in eine Schüssel legen, mit Bier begießen. Zwiebel und Knoblauch schälen, vierteln und dazugeben. Im Kühlschrank mindestens 12 Stunden marinieren lassen, dabei mehrmals wenden. Fleisch aus der Mariande nehmen, trocknen, mit Öl bepinseln und auf den Bratrost des auf 175 °C vorgeheizten Backofens legen.

Die Margarine in die Fettauffangpfanne geben und unter den Rost schieben. Das Fleisch 90 Minuten braten, nach ca. 30 Minuten wenden. Dabei den Bratensaft mit der Hälfte der Schwarzbiermarinade ablöschen, anschließend immer wieder mit Marinade bzw. heißem Wasser auffüllen, damit der Bratensaft nicht einbrennt.

Die garen Fleischstücke auf Tellern anrichten, den Bratensaft darüber gießen. Heiß mit Sauerkraut und frischem Brot servieren.

 „Mutzbraten" ist eine Spezialität aus Westsachsen und Thüringen. Auf vielen Stadtfesten und Weihnachtsmärkten zwischen Chemnitz und Leipzig bekommt man ihn frisch vom Grillspieß. Im Sommer kann man ihn sehr gut auf dem Holzkohlegrill zubereiten. Einfach lecker!

Sonntags-Rouladen

Die Rouladen abspülen und trockentupfen. Das Fleisch von einer Seite mit Senf bestreichen und mit Salz und Pfeffer würzen. Jeweils 2 Speckscheiben auf jede Roulade legen. Gewürzgurken längs vierteln und jeweils 2 Gurkenstreifen quer auf das untere Ende der Rouladen legen. Lauchzwiebeln putzen und abspülen. 2 Lauchzwiebeln längs halbieren, in 5 cm lange Streifen schneiden und die Lauchzwiebelstreifen zu den Gurkenstreifen ebenfalls quer auf die Rouladen legen. Die Rouladen fest aufrollen, mit Rouladennadeln oder Holzspießchen feststecken.

Butterschmalz in einem Schmortopf erhitzen, Rouladen zugeben und rundherum bei großer Hitze kräftig braun anbraten. Restliche Lauchzwiebeln in Stücke schneiden und zusammen mit den Kräutern dazugeben. Rinderfond und Wein bzw. Saft dazugießen. Alles im geschlossenen Topf eine gute Stunde bei kleiner Hitze schmoren.

Die Rouladen aus dem Topf nehmen, Rosmarin und Lorbeer entfernen und den Bratfond mit einem Stabmixer pürieren. Die Soße mit Salz, Pfeffer und Zucker abschmecken.

4 Rindsrouladen (à 150 g)
4 TL mittelscharfer Senf
Salz • Pfeffer
8 Scheiben Frühstücksspeck
2 Gewürzgurken
1 Bund Lauchzwiebeln
2 EL Butterschmalz
2 Lorbeerblätter
2 Stiele Thymian
1 kleiner Zweig Rosmarin
1/4 l Rinderfond oder -brühe
1/4 l trockener Rotwein oder roter Traubensaft
1 Prise Zucker

Sauerbraten nach vogtländischer Art

1 kg Rinderschmorfleisch
75 g Pflanzenfett
50 g Mehl
2 EL Tomatenmark
1 Pck. Soßenlebkuchen

Für die Marinade:
1/2 l Weinessig
1/2 l Wasser
4 – 5 Nelken
1 Lorbeerblatt
1 TL zerdrückte Pfefferkörner
1/2 TL Thymian
1 EL Zucker • 1 EL Salz
2 Zwiebeln • 1 Porreestange
1 - 2 Knoblauchzehen
1 Möhre • 1/4 Knolle Sellerie

Für die Marinade Essig und Wasser aufkochen, Nelken, Lorbeerblatt, zerdrückte Pfefferkörner, Thymian, Zucker und Salz zugeben. Zwiebeln, Möhre, Sellerie und Porree putzen, waschen und grob würfeln, Knoblauch durch die Presse geben. Gemüse und Gewürze in der Flüssigkeit gut durchkochen. Die Marinade erkalten lassen.

Das Fleisch waschen, abtrocknen und drei bis vier Tage in die Beize legen (es muss vollständig bedeckt sein), abgedeckt kühl stellen.

Fleisch aus der Marinade nehmen, diese durch ein Sieb gießen. Das Fleisch in heißem Fett von allen Seiten scharf anbraten. Dann das Gemüse aus der Marinade mitschmoren. Etwas Marinade zugeben, zwei- bis dreimal einkochen lassen, das Tomatenmark einrühren. Mit Mehl bestäuben, unter Rühren bräunen, die Marinade angießen und zugedeckt etwa 90 Minuten schmoren.

Das gare Fleisch aus der Soße nehmen, warm stellen. Die Soße mit fein geriebenem Soßenlebkuchen abziehen, kurz durchkochen, abschmecken und durchseihen. Den Braten in nicht zu dünne Scheiben schneiden und wieder in die Soße geben.

Filetragout mit Rosenkohl

500 g Rosenkohl
Salz • Pfeffer
2 mittelgroße Fleischtomaten
250 g kleine Zwiebeln
2 Schweinefilets (ca. 600 g)
1 – 2 EL Öl
1 EL Tomatenmark
Edelsüß-Paprika • 1 EL Mehl
1 TL gekörnte Fleischbrühe
Petersilie • 1 TL Butter

Rosenkohl putzen, waschen und eventuell halbieren. In wenig kochendem Salzwasser zugedeckt 15 bis 20 Minuten garen.

Tomaten waschen, würfeln. Zwiebeln schälen, halbieren. Fleisch waschen, trockentupfen und in mundgerechte Stücke teilen. In heißem Öl rundum kräftig anbraten. Mit Salz und Pfeffer würzen, herausnehmen.

Zwiebeln im Bratfett glasig dünsten, Tomatenmark zugeben, mit Paprika überstäuben, kurz anschwitzen, Mehl zugeben und unter Rühren bräunen. Brühe in ca. 1/2 Liter heißem Wasser anrühren, zum Bratansatz geben. Aufkochen. Tomaten und Fleisch zugeben, etwa 5 Minuten köcheln lassen. Petersilie waschen und hacken, Rosenkohl abgießen und mit der Petersilie zum Ragout geben. Abschmecken und mit Salzkartoffeln servieren.

Ich bin eher so veranlagt, dass ich schon zunehme, wenn ich Essen sehe. Und als Genussmensch esse ich sehr gern und muss darauf achten, dass die Portionen nicht zu groß werden.

Katarina Witt

Koteletts nach Zisterzienser Art

Die Koteletts auslösen und in Öl anbraten. Dann salzen und pfeffern. Von beiden Seiten braten. Inzwischen die Äpfel schälen, Kerngehäuse entfernen und in Scheiben schneiden. Zwiebeln ebenfalls schälen und in Ringe schneiden. Apfelscheiben und Zwiebelringe im heißen Öl schwenken und etwas dünsten. Über die fertig gebratenen Koteletts geben, mit Bratkartoffeln servieren.

4 Schweinekoteletts (à 125 g)
Öl zum Braten
Salz • Pfeffer
200 g Äpfel • 200 g Zwiebeln

Ferkelrücken

Knoblauch abziehen und durch die Presse drücken, dann mit Salz, Pfeffer und Kümmel mischen. Den Spanferkelrücken waschen, abtrocknen und rundum mit der Mischung einreiben. Ofen auf 160 °C vorheizen.
Öl in einem Bräter erhitzen, Fleisch darin rundum anbraten. Mit Brühe aufgießen. Etwa 25 bis 30 Minuten im Ofen braten, dabei ab und an mit Bratensaft übergießen.
Spanferkel herausnehmen und in Koteletts teilen. Dazu passen Meerrettich-Wirsing (Seite 72) und Salzkartoffeln.

1 Knoblauchzehe
Salz • Pfeffer
1/2 TL gemahlener Kümmel
1,2 kg Spanferkelrücken
2 EL Öl • 1/2 l Fleischbrühe

In Sachsen gab es bis zum Ende des letzten Jahrhunderts mit den „Meißner Schweinen" eine eigene anerkannte Rasse, die heute wieder gezüchtet wird.

Knuspriges Eisentopfbrot

1 kg Schweinekamm

Salz • Pfeffer

6 Zwiebeln • 3 Tomaten

1/8 l Rotwein

1/8 l Rinderfond

30 g Butter

3 Knoblauchzehen

2 EL Semmelmehl

1 EL Crème fraîche • 1 Ei

150 g mittelalter Gouda

1 EL gehackte Kräuter

Fleisch waschen, abtrocknen, mit Salz und Pfeffer einreiben und in einem feuerfesten Topf scharf anbraten. 3 Zwiebeln und die Tomaten enthäuten und würfeln, dazugeben. Den Rinderfond angießen. Zugedeckt im Ofen bei 200 °C ca. 90 Minuten braten, dabei öfter mit Bratfond übergießen.

Restliche Zwiebeln in Butter glasig dünsten, dann mit dem Knoblauch pürieren. Mit Semmelmehl, Crème fraîche, Ei, geriebenem Käse und Kräutern zu einer Paste verrühren und 15 Minuten vor Ende der Garzeit auf das Fleisch streichen. Ohne Deckel weiter braten. Fleisch herausnehmen, Bratenfond durch ein Sieb streichen, abschmecken.

Kohrener Lammrollbraten

Rosmarin waschen und Nadeln von zwei Zeigen abzupfen. Knoblauch schälen und hacken. Zwiebeln schälen. Eine Zwiebel und die Tomaten fein würfeln. Alles mit den Schinkenwürfeln in heißem Öl andünsten.

Fleisch waschen, trockentupfen und mit Salz und Pfeffer einreiben. Tomaten-Schinken-Mix auf der Fleischinnenseite verteilen, aufrollen und mit Küchengarn zum Braten binden. Dabei die anderen beiden Rosmarinzweige mit einbinden. Fleisch in die Fettpfanne des Ofens geben. Möhren schälen, waschen und mit den restlichen Zwiebeln in grobe Stücke schneiden, um das Fleisch verteilen.

Im vorgeheizten Ofen bei milder Hitze ca. 2 1/2 bis 3 Stunden schmoren.

Brühpulver in 600 ml heißem Wasser auflösen. Nach etwa 45 Minuten Bratzeit die Brühe angießen, Temperatur auf 150 °C herunterschalten.

Den fertigen Braten warm stellen. Fond durch ein Sieb geben und mit etwas in Sahne verrührtem Mehl andicken. Abschmecken. Den Braten aufschneiden und mit der Soße und Rosmarinkartoffeln servieren. Dazu schmecken grüne Bohnen.

Zutaten für 4 – 6 Personen

4 Zweige Rosmarin

3 Knoblauchzehen

4 Zwiebeln

75 g getrocknete Tomaten

50 g magere Schinkenwürfel

2 EL Öl

1 Lammkeule ohne Knochen

(ca. 1 – 1 1/2 kg)

Salz • Pfeffer

2 mittelgroße Möhren

2 TL gekörnte Gemüsebrühe

2 EL Mehl

125 ml Kochsahne

Sächsische Krautwickel

1 Weißkraut (ca. 1 kg)

Salz • gehackter Kümmel

350 g Hackfleisch

(halb und halb)

1 Ei • 2 Zwiebeln

1 Brötchen • Pfeffer

100 g Schweineherz

200 g Rauchfleisch

50 g Speck • 3 Möhren

1 TL Tomatenmark

30 g Mehl • 1/2 l Brühe

1/4 l saure Sahne

Der Hausfrau soll es nicht an Kohl noch an Rüben oder sonst einem Gemüse im Topf ermangeln, damit dem unseligen Kartoffelgenuss nur einigermaßen das Gleichgewicht gehalten werde.

Johann Wolfgang v. Goethe

Das gewaschene, vom Strunk befreite Kraut kurz in kochendes Salzwasser geben. Herausnehmen, abkühlen lassen und die Blätter lösen. Je Portion drei bis vier große Blätter überlappend auslegen, die kleineren darauf verteilen und mit dem gehackten Kümmel bestreuen.

Für die Füllung das Hackfleisch mit Ei, der Hälfte der Zwiebelwürfel, dem in Wasser eingeweichten und gut ausgedrückten Brötchen sowie Salz und Pfeffer vermengen. Das saubere Schweineherz roh in feine Würfel schneiden. Rauchfleischscheiben kurz in kochendes Wasser geben, danach in Würfel schneiden. Rauchfleisch- und Herzwürfel unter die Hackfleischmassse mischen. Diese Fülle in die Weißkrautblätter einrollen und mit Rouladennadeln feststecken.

In einer hohen Pfanne den Speck auslassen, Zwiebelwürfel und Möhrenscheiben darin anschwitzen, Krautwickel hineinlegen, anbraten, Tomatenmark zufügen, Mehl anstäuben, mit Brühe auffüllen und ca. 1 Stunde zugedeckt schmoren lassen. Vor dem Servieren mit saurer Sahne verfeinern. Dazu schmecken Salzkartoffeln oder Kartoffelbrei.

Leberpfanne mit Salbei

600 g Kalbsleber
150 g Zwiebeln
250 g Champignons
125 g durchwachsener Speck
Öl zum Braten
10 Blätter Salbei
125 ml Rotwein
150 g Crème fraîche
Salz • Pfeffer
Paprikapulver (edelsüß)

Leber in Streifen schneiden, in Mehl wenden. Zwiebeln würfeln, Champignons putzen, in dünne Scheiben schneiden, Speck würfeln.
Öl erhitzen und die Speckwürfel darin ausbraten. Salbei abspülen, trockentupfen und mit der Leber zum Speck geben, unter Rühren etwa 3 Minuten braten. Mit Salz, Pfeffer und Paprika würzen.
Zwiebelwürfel und Champignonscheiben in die Pfanne geben, kurz andünsten, dann mit dem Rotwein auffüllen und ca. 5 Minuten schmoren. Crème fraîche einrühren, abschmecken.

Süß-saure Nierchen nach Großmutters Art

600 g küchenfertige Kalbs-
oder Schweinenierchen
8 Schalotten
6 Stiele Thymian
2 EL Öl • 2 - 3 EL Butter
4 EL Rübensirup
4 EL Rotweinessig
400 ml Kalbsfond
Salz • Pfeffer

Die Nierchen über Nacht wässern, dann gut trockentupfen und in breite Scheiben schneiden.
Schalotten schälen, in Ringe schneiden, Thymian abzupfen. Öl in einem Bräter erhitzen, Nieren rundum kräftig anbraten und herausnehmen. Die eiskalte Butter und den Sirup ins Bratfett rühren, karamellisieren lassen, mit Essig ablöschen. Den Fond aufgießen, die Nieren wieder zugeben und ca. um die Hälfte einkochen lassen. Abschmecken.

Kräuterkaninchen

Möhren und Zwiebeln schälen und würfeln. Salbei und Thymian waschen. Blättchen abzupfen. Knoblauch schälen und durchpressen.

Die Kaninchenkeulen waschen und trockentupfen. Mit Salz, Pfeffer, Thymian und dem Knoblauch einreiben. In einem Bräter das Öl erhitzen und portionsweise scharf anbraten. Herausnehmen.

Das vorbereitete Gemüse ins Bratfett geben und kurz anschwitzen. 1/2 Liter Wasser, die Brühe, den Rotwein und die Salbeiblättchen zufügen. Keulen wieder in den Bräter geben. Zugedeckt im vorgeheizten Ofen bei 125 bis 150 °C etwa 2 bis 2 1/2 Stunden schmoren lassen.

2 Möhren • 2 Zwiebeln
2 - 3 Stiele Salbei
8 Stiele Thymian
2 Knoblauchzehen
6 Kaninchenkeulen (à 250 g)
Salz • Pfeffer
2 TL Gemüsebrühe (Instant)
2 EL Öl • 1/4 l Rotwein

Bautzener Klopse

Zwiebel schälen und fein würfeln. Das Hackfleisch (je nach Vorliebe halb und halb oder auch nur Rind bzw. Schwein) mit 1 Ei, Senf (am besten Bautzener), Salz, Pfeffer und Paprika mischen, geriebene Semmel unterrühren, bis sich flache Klopse formen lassen. Diese in heißem Öl bei nicht zu großer Hitze kross braten, mit Kartoffelbrei servieren.

1 mittelgroße Zwiebel
500 g Hackfleisch • 1 Ei
2 EL scharfer Senf
Salz • Pfeffer • Paprikapulver
geriebene Semmel
Öl zum Braten

Spinatwachteln & anderes *Federvieh*

Geflügelgerichte

Hühnerfrikassee

Das Huhn gemeinsam mit der Petersilie in Salzwasser weich kochen.

Aus Butter und Mehl eine Schwitze bereiten, diese mit ca. 1/4 Liter heißer Hühnerbrühe unter ständigem Rühren auffüllen, gut durchkochen lassen.

Das Huhn tranchieren, Haut und Knochen entfernen und das Fleisch in mundgerechte Stücke teilen. Sahne, 2 Esslöffel Schnittlauch und das Fleisch in die Soße geben, nochmals heiß werden lassen (nicht mehr kochen). Mit dem restlichen Schnittlauch bestreuen und zu Reis servieren.

1 Huhn (kein Suppenhuhn!)
1 Bund Petersilie • 1 EL Salz
50 g Butter • 40 g Mehl
1/8 l saure Sahne
3 EL Schnittlauchröllchen

Erzgebirgisches Pilzhähnchen

Das vorbereitete Hähnchen in Portionsstücke teilen, salzen und kräftig anbraten, Hühnerbrühe bzw. Geflügelfond zugießen und zugedeckt garen. Die Soße mit kalt angerührtem Stärkemehl binden. Die gedünsteten Pilze zugeben und alles nochmals stark erhitzen. Vom Herd nehmen und mit gehackten Kräutern bestreuen.

Dazu schmecken Semmelklöße (Seite 67).

1 Hähnchen • Salz • Bratfett
250 g gedünstete Pilze
3/8 l Hühnerbrühe oder
Geflügelfond
1 1/2 TL Stärkemehl
frische Gartenkräuter

Winzer-Huhn

1 Hähnchen (1 – 1 1/2 kg)
Salz • Pfeffer
2 – 3 Zweige Estragon
3 Stängel Petersilie
2 EL Öl • 1/2 l Weißwein
1/4 l Geflügelfond
2 Zwiebeln • 1 Lorbeerblatt
30 g eiskalte Butter

Rauchen ist ein Genuss. Essen und Trinken ist unerlässlich. Aber jederzeit zu rauchen, zu essen und zu trinken, und alles, was einem geboten wird, zu rauchen und zu verzehren, würde nicht nur töricht, sondern sogar schädlich sein.

Meine Lieblingsspeise ist Brathuhn mit Reis, mein liebstes Getränk Magermilch.

Karl May

Hähnchen waschen, abtrocknen und innen und außen mit Salz und Pfeffer einreiben. Kräuter waschen und trockenschütteln. Einen Zweig Estragon und die Petersilie in die Bauchhöhle stecken. Ofen auf 180 °C vorheizen.

Öl in einem Schmortopf erhitzen und das Hähnchen darin rundum goldbraun anbraten. Mit Wein und Fond ablöschen und einige Minuten köcheln lassen.

Zwiebeln abziehen, in Ringe schneiden und samt Lorbeerblatt zum Hähnchen geben. Zugedeckt 15 bis 20 Minuten im Ofen schmoren. Deckel abnehmen und das Gericht weitere 35 bis 40 Minuten braten. Danach das Hähnchen aus dem Topf nehmen. Bratfond entfetten und mit einem Stabmixer pürieren. Erst danach die Soße durch ein Sieb streichen. Die eiskalte Butter in Flöckchen unterschlagen. Restlichen Estragon klein schneiden und zur Soße geben. Alles einige Minuten ziehen lassen. Hähnchen portionieren, Soße dazu reichen.

Ente auf sächsische Art

Die küchenfertige Ente innen und außen mit Salz und Pfeffer einreiben. Backpflaumen in Wasser einweichen. Zwiebel und Äpfel schälen, Äpfel entkernen, alles in Scheiben schneiden. Mit Semmelmehl und Ei mischen. Mit Salz, Pfeffer, Zimt und Zucker abschmecken. Zitronenschale und Pflaumen dazugeben, gut vermischen. Die Ente damit füllen und mit einem Holzspieß verschließen.

Die Ente im vorgeheizten Ofen auf dem Bratrost (Fettpfanne darunter) bei 200 °C etwa 2 Stunden braten. Mehrmals mit Fleischbrühe bzw. Bratfond übergießen. Abschließend die Soße aus der Fettpfanne entfetten, durch ein Sieb gießen und abschmecken. Ente vor dem Servieren tranchieren.

1 Ente (ca. 2 kg)
Salz • Pfeffer
250 g Backpflaumen
(ohne Stein)
1 Zwiebel • 2 Äpfel
5 EL Semmelmehl • 1 Ei
je 1/2 TL Zimt und Zucker
abgeriebene Schale von
1/2 Zitrone oder Orange
125 ml Fleischbrühe

Gefüllte Wachteln

4 küchenfertige Wachteln

Salz • Pfeffer

1 Brötchen vom Vortag

50 ml Milch

50 g geräucherter Schinken

1 Ei (Größe S)

2 EL Petersilie • 2 EL Spinat

Muskatnuss (frisch gerieben)

50 g Butter

5 Wacholderbeeren

2 Gewürznelken

4 EL Weinbrand

4 EL Zitronensaft

200 g Sahne • 1 EL Mehl

August der Starke rief 1705 die „sächsische Küchenpost" zum Hamburger Markt ins Leben. Sie sorgte dafür, dass die an den europäischen Fürstenhöfen beliebten Spezialitäten auch in Dresden jederzeit frisch verfügbar waren.

Die Wachteln kalt waschen, abtrocknen, innen wie außen salzen und pfeffern. Das Brötchen entrinden, in Würfel schneiden. Die Milch erhitzen und über die Würfel geben. 10 Minuten ziehen lassen. Den Schinken ohne Fett fein würfeln, mit Ei, der Hälfte der feingehackten Petersilie und dem ebenfalls sehr fein geschinttenem Spinat mischen. Mit Salz, Pfeffer und Muskat würzen. Wachteln füllen, Öffnungen mit Zahnstochern schließen und Vögel mit Küchengarn in Form binden.

Die Butter erhitzen. Die Wachteln bei mittlerer Hitze von allen Seiten anbraten. Wenn sie schön braun sind, zerdrückten Wacholder und Nelken zugeben, mit Weinbrand sowie 150 ml Wasser ablöschen. Zitronensaft zugießen. Die Wachteln zugedeckt bei schwacher Hitze etwa 45 Minuten schmoren.

Die Wachteln aus der Pfanne heben, Fäden und Zahnstocher entfernen. Den Bratensaft durch ein Sieb in einen Topf gießen. Sahne mit Mehl verquirlen, unter den Bratensaft mischen und unter Rühren aufkochen lassen. Mit Zitronensaft und Petersilie sowie Salz und Pfeffer abschmecken. Die Wachteln in der Sauce kurz erhitzen, servieren.

Festlicher Gänsebraten

Für 6 Personen

1 küchenfertige Gans
(4 – 4 1/2 kg)
Salz • Pfeffer
5 Zwiebeln • 3 Möhren
1 Stange Porree
75 g Butter
100 g magere Schinkenwürfel
1 Töpfchen Thymian
400 g Weißbrot
800 ml Gänsefond (2 Gläser)
3 kleine Äpfel (à ca. 100 g)
25 g Honiglebkuchen
4 EL Honig (ideal: Kasta-
nienhonig)
4 EL Sojasoße
3 – 4 EL dunkler Soßenbinder

Gans waschen, abtrocknen und innen wie außen mit Salz und Pfeffer einreiben. Zwiebeln schälen, Möhren und Porree putzen, alles in Stücke teilen. Zwei Zwiebeln fein würfeln und in heißer Butter andünsten, Schinkenwürfel kurz mitbraten. Vom Herd nehmen.

Thymian waschen, 2 Stängel beiseite legen, vom Rest die Blättchen abzupfen. Weißbrot entrinden und würfeln, mit Zwiebel-Schinken-Mischung und Thymianblättchen verkneten. Die Gans damit füllen. Mit Holzspießchen schließen und mit Küchengarn in Form binden.

Gans auf die Fettpfanne legen, Zwiebeln, Möhren und Porree darum verteilen und im vorgeheizten Ofen bei 150 °C bis 175 °C etwa 4 bis 4 1/2 Stunden braten. Nach ca. 2 Stunden den Fond nach und nach angießen.

Äpfel waschen, halbieren und die Kerngehäuse entfernen. Honiglebkuchen fein zerbröseln und die Apfelhälften damit füllen. Ca. 1 Stunde vor Garende zur Gans in die Fettpfanne geben.

Honig, Sojasoße und 4 Esslöffel Wasser mischen und die Gans damit immer wieder bestreichen.

Gans und Äpfel warm stellen. Bratenfond durch ein Sieb gießen, entfetten und wieder aufkochen. Soßenbinder einrühren, mit Salz und Pfeffer abschmecken.

Gans vor dem Servieren tranchieren, mit Thymian garnieren und mit Klößen und Rotkraut (Seiten 68 und 74) servieren.

> *Gänsebraten, Knödel, Soße*
> *Um die Hüfte spannt die Hose.*
>
> Arthur Schramm

Waidmanns Dank

Wildgerichte

Altsächsischer Wildschweinbraten

Das küchenfertige Fleisch in der Buttermilch zwei Tage an einem kühlen Ort marinieren lassen.

Dann abtrocknen, mit Salz und Pfeffer einreiben und rundum kräftig anbraten. Das geputzte und grob zerschnittene Wurzelwerk und die Speckschwarte mit anrösten. Tomatenmark in Wasser verrühren. Die Hälfte des Rotweins und das Tomatenwasser angießen, Gewürzkörner, Lorbeerblatt und Wacholderbeeren zugeben.

Das Fleisch im Ofen bei ca. 180 bis 200 °C etwa 1 bis 1 1/4 Std. schmoren, dabei mehrmals wenden. Das gare Fleisch herausnehmen.

Bratenfond durch ein Sieb in einen Topf geben. Mehl mit etwas Rotwein verquirlen und einrühren, restlichen Rotwein zugießen. Alles gut durchkochen und mit den Gewürzen abschmecken. Das warm gehaltene Fleisch damit übergießen.

1 – 1 1/2 kg Wildschweinfleisch aus der Keule
500 ml Buttermilch
Salz • Pfeffer
2 EL Schweineschmalz
1 Wurzelwerk
50 g Speck (Speckschwarte)
1 – 2 EL Tomatenmark
400 ml Rotwein
je 1 TL Piment-, Pfefferkörner und Wacholderbeeren
1 – 2 Lorbeerblätter
40 g Mehl
Zucker • Zitronensaft

August dem Starken (1670-1733) ging die Jagd über alles. Er zog, wenn er nicht gerade im Ausland zur Pirsch geladen war, mit großem Gefolge in den Wäldern Sachsens umher, besonders gern im Friedewald und im Wermsdorfer Forst. Selbst wichtige Staatsgeschäfte mussten warten. Der Graf von Miltitz in Siebeneichen bei Meißen erhielt gar Order, zwischen dem Spaargebirge und dem Elbufer keine Häuser zu erbauen, weil dies der kurfürstlichen Wildbahn Nachteile bringen würde.

Hasenpfeffer nach Stülpner Art

Für 6 Personen

1 Wildhase (ca. 1 kg)

1 kg Kaninchen
(Vorder- und Hinterschlegel)

Salz • Pfeffer

200 g Speckwürfel

300 g Dörrfleisch

80 g Backpflaumen

40 g Rosinen • 6 Oliven

1 Lorbeerblatt

2 Zweige Salbei

2 Zweige Rosmarin

etwas Lavendel
(frisch oder getrocknet)

1 Zwiebel

1 Knoblauchzehe

5 Wacholderbeeren

1 Gewürznelke

Soßenlebkuchen

1 TL Zucker

750 ml Rotwein

Fleisch in Portionsstücke teilen, salzen, pfeffern und im ausgelassenen Speck etwa 10 Minuten unter häufigem Wenden in der Pfanne anbraten, herausnehmen. Anschließend das in Scheiben geschnittene Dörrfleisch im Bratansatz glasig dünsten, ebenfalls herausnehmen.

Alle Zutaten abwechselnd in einen großen Topf einschichten. Mit dem Dörrfleisch beginnen, dann Hasen- und Kaninchenstücke, Pflaumen, Rosinen, Oliven, Lorbeerblatt, Salbei, Rosmarin, Lavendel, die in Scheiben geschnittene Zwiebel und den durchgepressten Knoblauch, Wacholderbeeren sowie Gewürznelke zugeben. Soßenlebkuchen kräftig darüber reiben und mit Zucker bestreuen.

Alle Schichten fest aufeinanderdrücken und zum Schluss mit Rotwein aufgießen. Zum Kochen bringen, etwa 90 Minuten köcheln lassen und im Topf servieren.

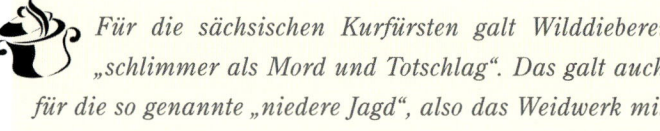 *Für die sächsischen Kurfürsten galt Wilddieberei „schlimmer als Mord und Totschlag". Das galt auch für die so genannte „niedere Jagd", also das Weidwerk mit Hasen, Mardern, Eichhörnchen, Wieseln, Wassergeflügel.*

Hirschmedaillons „Graf Brühl"

Öl in einer Pfanne erhitzen und die Medaillons je 2 Minuten von beiden Seiten braten und warm stellen. Die Birnen vierteln, das Kerngehäuse entfernen, schälen, würfeln und im Bratfett kurz dünsten. Wildfond und Madeira angießen, aufkochen lassen und pürieren. Die Sahne und die Pfefferkörner dazugeben und die Sauce etwas einkochen lassen. Mit Herzoginnenkartoffeln servieren.

800 g Hirschfleisch
(Hirschmedaillons)
3 EL Öl
2 weiche Birnen
250 ml Wildfond
20 ml Madeira
1 Becher süße Sahne
2 EL Pfefferkörner • Salz

Olbernhauer Rehbraten

1 Rehkeule
1/8 l Öl • 3 Zwiebeln
1 Möhre • 1/2 Sellerie
1 EL Tomatenmark
100 g Schmalz
1/8 l saure Sahne
1 TL Mehl
12 – 15 Pfefferkörner
1/2 Flasche Rotwein
Salz • Pfeffer • Nelken
Thymian • Muskat

Die küchenfertige Rehkeule in eine Schüssel legen. Das Öl mit Salz, Pfeffer, wenig Thymian und etwas Muskat verrühren, über die Keule gießen, mit Zwiebelringen belegen und den Rotwein angießen. Das Fleisch unter mehrmaligem Wenden zugedeckt und kühl gestellt zwei Tage in dieser Marinade durchziehen lassen.

Die gut abgetropfte Keule in heißem Schmalz anbraten, dünne Möhren- und Selleriescheiben sowie die zerdrückten Pfefferkörner dazugeben und unter häufigem Begießen braten. Später an das Bratfett Tomatenmark geben, nach und nach mit der Marinade auffüllen und die Rehkeule in diesem Würzsud gar ziehen lassen. Die Keule herausnehmen und warm stellen. Die Soße mit den angegebenen Gewürzen nochmals abschmecken, durchseihen und mit saurer Sahne, in die man etwas Mehl gequirlt hat, verfeinern.

War zur Abendgesellschaft bei Clara und Robert Schumann geladen. Sie (Clara) spielte schön ... sie wurde begleitet von einer der besten deutschen Sängerinnen, die nun mit dem reichen von Freege verheiratet ist ... im Anschluss speisten wir ganz vorzüglich und tranken Wein und Champagner.

Hans Christian Andersen

Rehrücken mit Kräutern

Den küchenfertigen Rehrücken mit einem Messer links und rechts vom Rückgrat einschneiden, sodass sich die Filets aufklappen lassen, aber noch mit den Rippen verbunden sind. Petersilien-, Thymianblättchen und Rosmariennadeln von den Stielen zupfen, Wacholderbeeren zerstoßen und mit Oliven- und Pflanzenöl mischen.

Die Filets vom Rückenknochen klappen, innen mit der Marinade bestreichen. Zuklappen und außen mit Marinade bepinseln. Den Rücken in Klarsichtfolie einwickeln und 24 Stunden marinieren.

Ofen auf 160 °C vorheizen. Folie vom Rücken entfernen, salzen, pfeffern und mit Küchengarn zusammenbinden. Auf ein Blech setzen und 50 bis 60 Minuten braten. Zwischendurch immer wieder mit Wasser und Bratenfond begießen.

Garn entfernen und das Fleisch warm stellen. Etwas Rotwein auf das Blech gießen, Röststoffe mit einem Löffel lösen und alles in einen kleinen Topf umfüllen, restlichen Rotwein zugießen und kurz aufkochen. Durch ein Sieb passieren, abschmecken. Den Rehrücken aufschneiden und anrichten. Die Soße getrennt dazu servieren.

1 Rehrücken (ca. 1 1/2 kg)
1 Bund Petersilie
1 Bund Thymian
1 Rosmarienzweig
4 Wacholderbeeren
4 EL Olivenöl • 4 EL Öl
1/4 l Rotwein
Salz • Pfeffer

Fasan nach Art der Moritzburger Schlossküche

1 Fasan (ausgenommen)
Salz • Pfeffer
je 1 große Zwiebel und Möhre

Für die Marinade
1 Knoblauchzehe
1 EL Wacholderbeeren
je 1 TL Thymian, Salbei und
Rosmarin (gemahlen)
2 EL Senf • 4 EL Honig
2 EL Worcestersauce
einige Spritzer Tabasco
2 EL Brandy oder Whisky
2 EL Öl

Geschälte Zwiebel und Möhre in Stücke schneiden und in eine Auflaufform geben.

Den Fasan in möglichst gleich große Stücke teilen und mit Salz und Pfeffer einreiben. In einer sehr heißen Pfanne von allen Seiten gut anbraten.

Alle Zutaten für die Marinade im Mixer verrühren, bis sie eine zähflüssige Konsistenz haben. Die angebratenen Stücke damit bestreichen und auf das Gemüsebett geben.

Im vorgeheizten Ofen bei 200 °C etwa 45 Minuten knusprig braten. Dabei immer wieder drehen und erneut mit der Paste bestreichen.

Mit Wacholderrahm (Seite 65) und gebackenen Rosmarinkartöffelchen servieren.

Von jeher war der wohlschmeckende Fasanenbraten als unbestrittene Delikatesse hauptsächlich auf fürstlichen Tafeln anzutreffen, und so war er wohl auch das Leibgericht August des Starken. Schon 1728 ließ der Kurfürst in Moritzburg eine Zucht anlegen, die den Bedarf des sächsischen Hofes bis ins erste Jahrzehnt des 20. Jahrhunderts deckte. Jetzt sind die Vögel zurück im ehemals königlichen Jagdrevier Moritzburg.

Wildgulasch „Aurora"

Das Fleisch waschen, abtrocknen und in mundgerechte Würfel schneiden. Das Gemüse putzen und klein schneiden. Den Speck würfeln, in einen Topf geben, ausbraten und entfernen. Das Fleisch im Speckfett anbraten. Gemüse, Tomatenmark und die eingeweichten Pilze samt Wasser zugeben. Mit Rotwein und Wildfond ablöschen. Knoblauch, Lorbeer, Thymian, zerstoßene Wacholderbeeren und Piment zugeben, mit Salz und Pfeffer würzen, ca. 60 Minuten köcheln lassen. Thymianzweige und Lorbeerblatt entfernen. Nochmals aufkochen. Das Mehl in zerlassener Butter bräunen und das Gericht damit binden, aufkochen und mit dem Portwein abschmecken, eventuell nachwürzen.

Den fertigen Gulasch portionsweise in feuerfeste Portionsförmchen füllen, dabei einen ca. 2 cm breiten Rand lassen. Das Ei trennen, mit dem Eiweiß den Rand der Förmchen bestreichen und den Blätterteig auf dem Rand fest andrücken. Die überstehenden Reste abschneiden. 15 Minuten ruhen lassen, dann den Teig mit Eigelb bestreichen und die Förmchen bei ca. 210 °C im vorgeheizten Ofen backen, bis der Teig goldgelb ist.

Für 4 – 6 Personen

600 g Wildschwein-Keule
150 g durchwachsener Speck
50 g getrocknete Steinpilze
1 Wurzelwerk
1 EL Tomatenmark
1/4 l trockener Rotwein
1/4 l Wildfond
1 Knoblauchzehe
1 Lorbeerblatt
2 Thymianzweige
5 Wacholderbeeren
2 Pimentkörner • Salz • Pfeffer
1 EL Mehl • 20 g Butter
4 cl roter Portwein • 1 Ei
6 Blätterteigscheiben (TK)

Aus *Sachsens Teichen & Flüssen*

Fischgerichte

Gefüllte Forellen

Die küchenfertigen Forellen innen und außen mit Salz, Pfeffer und Zitronensaft würzen.

Für die Füllung Champignons und Zwiebeln in dünne Scheiben schneiden. Die fein gehackten Kräuter untermischen, ebenfalls mit Salz, Pfeffer und Zitronensaft würzen.

Die Forellen füllen, zustecken, in Mehl wenden und bei mittlerer Hitze in Butter braten. Dabei öfter mit der heißen Butter übergießen.

Heiß mit Petersilienkartoffeln und geschmortem Gemüse servieren.

4 küchenfertige Forellen
Salz • Pfeffer
Saft von 1 Zitrone
400 g Champignons
200 g Zwiebeln
1 Bd. Petersilie
2 Bd. Schnittlauch
20 g frischer Salbei
50 g Mehl • 200 g Butter

Meißner Wurzelkarpfen

Den vorbereiteten Karpfen portionieren. Gemüse putzen, zerkleinern und in Öl anschwitzen. Grob gemahlenen Pfeffer und Lorbeerblätter zugeben und die Karpfenstücke darauf legen. Butterflöckchen aufsetzen und mit Weißwein auffüllen. Zugedeckt bei geringer Hitze ca. 20 Minuten dünsten.

Beim Anrichten die Fischstücke mit dem Gemüse-Wein-Sud übergießen und mit gehackter Petersilie bestreuen. Dazu Salzkartoffeln servieren.

1 Karpfen (1,5 kg)
2 Möhren • 1/2 Sellerie
1 Stange Porree
2 EL Öl • Pfefferkörner
2 Lorbeerblätter • Salz
2 EL Butter
1/4 l Weißwein
Petersilie

Karpfen in Bierteig

2 große Karpfenfilets • Salz
2 TL Honig • Saft 1 Zitrone
2 TL Senf • Pfeffer
250 g Mehl
2 TL Backpulver • 2 Eier
4 EL Öl • 1/2 l Schwarzbier

Die gewaschenen und trockengetupften Filets in Stücke schneiden, salzen. Zitronensaft, Honig, Senf und Pfeffer mischen und die Filets mit einem Pinsel damit bestreichen.

Aus Mehl, Backpulver, Eiern, Öl, dem Bier und einer Prise Salz einen dickflüssigen Teig herstellen. Karpfenstücke in den Teig tauchen und im heißen Fett schwimmend goldgelb ausbacken.

Gespickter Hecht auf sächsische Art

Den Speck in dünne 4 bis 5 cm lange Streifen schneiden, diese kurz ins Gefrierfach geben (gekühlter Speck eignet sich besser zum Spicken). Das vorbereitete ungeteilte Fischfilet damit großzügig spicken. Dann mit weißem Pfeffer, Salz und Zitronensaft würzen. Bis zur Verwendung kühl stellen.

Pro Person zwei Zitronenscheiben schälen, eventuelle Kerne entfernen. Die Kapern klein schneiden. In einer ausreichend großen Pfanne Butter zerlassen und das Hechtfilet hineingeben. Zudecken und bei mittlerer Hitze, unter öfterem Übergießen, je nach Stärke des Filets 12 bis 15 Minuten garen. Die Butter sollte nicht bräunen. Bei Bedarf etwas Weißwein angießen. Das Hechtfilet herausnehmen und auf gewärmten Tellern anrichten.

Den in der Pfanne verbliebenen Bratensatz mit Weißwein, Kapern, saurer Sahne und den Zitronenscheiben aufkochen und über das Hechtfilet geben. Dazu passen Petersilienkartoffeln und Feldsalat mit knusprigem Speck.

Für 4 – 6 Personen

80 g fetter Speck
180 – 200 g Hechtfilet
(pro Person)
Salz • weißer Pfeffer
1 – 2 Zitronen
80 g Butter
200 ml trockener Weißwein
50 g Kapern
100 g saure Sahne

 Seit dem 15. Jahrhundert werden die Teiche bei Moritzburg zur Fischzucht verwendet. Hier und in Wermsdorf wachsen Karpfen, Zander, Hecht, Barsch, Schleie und Stör.
Bis heute ist Sachsen übrigens der zweitgrößte Karpfenproduzent in Deutschland – nur übertrumpft vom Freistaat Bayern.

Gratinierter Lachs auf Spargel

500 g weißer Spargel

500 g grüner Spargel

Salz • Zucker • Pfeffer

600 g Lachsfilet

1 Bd. Basilikum

1 Pck. Sauce Hollandaise

125 g Schlagsahne

50 g Butter

abgeriebene Schale

von 1 Zitrone

1 – 2 TL Zitronensaft

4 Scheiben geräucherter

Lachs (ca. 160 g)

Ist die erfreuliche That-sache zu berichten, daß in Folge einer von den Tha-randter Fischer-Cursen aus-gehenden Anregung an derje-nigen Stelle, an der in Sach-sen die größte Anzahl von Laichlachse gefangen wird, eine eigene Lachsbrutanstalt errichtet worden ist. (1886)

Spargel waschen, holzige Enden abschneiden. Weißen Spargel schälen und in siedendem Salzwasser mit einer Prise Zucker ca. 10 Minuten garen. Nach der Hälfte der Zeit den grünen Spargel zugeben. Fertigen Spargel herausheben, gut abtropfen lassen. 100 ml Kochwasser abmessen und abkühlen lassen.

Lachsfilet waschen, trockentupfen und in 4 Stücke schneiden, mit Salz und Pfeffer würzen. Basilikum waschen, trockenschütteln, Blättchen abzupfen.

Sauce Hollandaise (FP) in Spargelwasser und der Schlagsahne anrühren und unter ständigem Rühren aufkochen. Vom Herd nehmen und die Butter unterschlagen. Mit Zitronenschale und -saft abschmecken.

Spargel in einer Auflaufform verteilen, die Hälfte der Soße darübergeben, Lachsstücke darauflegen und Basilikumblättchen verteilen. Mit geräuchertem Lachs belegen und Rest der Soße darübergießen. Im vorgeheizten Ofen bei 150 bis 175 °C etwa 20 bis 25 Minuten backen.

Dazu schmecken Petersilienkartoffeln, aber auch Reis passt gut.

Bachforelle in Apfelsoße

2 Forellen • 4 TL Essig
1/4 l Weißwein
4 Äpfel • 1 EL Zucker
je 1/2 TL Zimt und Muskat
Schale von 1 Zitrone
Butter • Salz

Die küchenfertigen Forellen im Ganzen in mit Essig versetztes Salzwasser geben und zum Sieden bringen, 10 bis 15 Minuten ziehen lassen.
Für die Soße die geschälten und entkernten Äpfel klein schneiden und in Weißwein mit etwas Zucker und Zimt ca. 10 Minuten dünsten. Durch ein Sieb streichen. Mit Zitronenschale und Muskat würzen. Eiskalte Butter in kleinen Flöckchen unterrühren, nochmals erhitzen. Forellen aus dem Sud nehmen, abtropfen lassen, mit heißer Apfelsoße servieren.

Zander mit Senfkruste

700 g Zanderfilet
1 EL mittelscharfer Senf
1 EL körniger Senf
1 EL geriebener Meerrettich
1 Bund Petersilie (gehackt)
Salz • weißer Pfeffer
Zitronensaft
Mehl • Öl zum Ausbacken

Den küchenfertigen Zander in Portionen teilen. Mit einem scharfen Messer auf der Hautunterseite im Abstand von 1 cm einschneiden. Senf, Meerrettich und Petersilie zu einer Paste verrühren. Fisch mit Salz, Pfeffer und Zitronensaft würzen. Hautseite und Einschnitte mit der Würzpaste bestreichen, dabei die Paste vorsichtig in die Einschnitte drücken. Zugedeckt etwa 30 Minuten ziehen lassen. Reichlich Öl erhitzen, Zanderfilets auf der Hautseite mehlieren und im 180 °C heißen Öl frittieren.

Lachsforelle mit Wacholderrahm

Salbei und Limette waschen, abtrocknen. Von der Limette etwas Schale abreiben, halbieren und eine Hälfte auspressen. Forelle filetieren und die Fleischseite mit Honig bestreichen. Mit Salz und Limettenschale bestreuen. Salbei auf die Filets geben, dann die Filets mit der Fleischseite aufeinander legen, fest in Folie wickeln und über Nacht im Kühlschrank beizen (dabei mit einer Dose oder ähnlichem beschweren).

Wacholder im Mörser sehr fein zerreiben, mit etwas Gin beträufeln und quellen lassen. Meerrettich schälen und fein reiben. Sahne steif schlagen und Wacholdermischung, Meerrettich und restlichen Gin vorsichtig unterheben. Mit 1 bis 2 Esslöffeln Limettensaft abschmecken.

Limettenhälfte in dünne Scheiben schneiden. Forellenfilets schräg in dünne Streifen von der Haut schneiden. Mit Limettenscheiben und Salbei garnieren und mit Wacholderrahm und Bauernbrot servieren.

1 – 2 Stiele Salbei
1 Limette oder Zitrone
1 küchenfertige Lachsforelle
(ca. 1 kg)
6 EL flüssiger Honig
3 – 4 EL grobes Meersalz
1 EL Wacholderbeeren
2 cl Gin
50 g frischer Meerrettich oder
2 – 3 EL aus dem Glas
250 g Schlagsahne
Salz • Pfeffer

Seit 1997 wird in Sachsen die „Sächsische und Wermsdorfer Fischkönigin" gekrönt.

Was *Feld, Wald* &
Wiese hergeben

Kartoffeln · Gemüse

Rauchemad

Kartoffeln mit Schale kochen, ausgekühlt schälen
und fein reiben. Mit einer Prise Salz würzen.
Den gewürfelten Speck in heißem Leinöl auslassen. Die geriebenen Kartoffeln etwa 1 cm dick in
die Pfanne mit dem heißen Fett drücken und von
einer Seite braun braten. Die Rauchemad mit der
gebratenen Seite nach oben auf einen Teller geben.
Mit Butterflöckchen besetzt servieren.

1 1/2 kg Kartoffeln • Salz
2 – 3 EL Leinöl zum Braten
50 g Speck

*Kartoffelpuffer (je nach Region Bambes, Klitscher,
auch Getzen genannt) kennt die sächsische Küche
in schier unendlichen Varianten. Man isst sie mit Zucker
und Kompott, aber ebenso gern mit Quark.*

Semmelklöße

Die halbierten und in dünne Scheiben geschnittenen Brötchen in der Milch einweichen. Eier und
Eigelb zugeben und mit gesiebtem Mehl binden.
Die Margarine zerlassen und unter die Masse rühren, mit Muskat würzen. Teig 1 1/2 Stunden ruhen
lassen.
Knödel formen und in siedendem Salzwasser im offenen Topf etwa 20 Minuten gar ziehen lassen.

5 Brötchen • 1/4 l Milch
2 Eier • 1 Eigelb
200 g Mehl • 80 g Margarine
Muskat • Salz

Vogtländische Grüne Klöße

13 große Kartoffeln
2 Tassen Milch
Semmelwürfel • Salz

Die Kartoffeln schälen und waschen. 10 Kartoffeln in eine Schüssel mit kaltem Wasser reiben und 2 Stunden stehen lassen. Das Wasser dabei hin und wieder durch frisches ersetzen. Danach die Kartoffeln durch ein Tuch sehr trocken ausdrücken.

Die restlichen Kartoffeln kochen, durch die Kartoffelpresse geben oder reiben und mit der kochenden Milch verrühren. Diesen Brei kochend heiß über die rohen Kartoffeln schütten.

Die Semmelwürfel rösten. Mit nassen Händen aus der Kartoffelmasse Klöße formen und jeweils einige Semmelwürfel in die Mitte drücken. Klöße schön rund drehen und in kochendem Salzwasser ca. 20 Minuten ziehen lassen. Sofort servieren, da sie schnell hart werden.

Bereits seit dem 17. Jahrhundert kommen im Vogtland Kartoffelklöße aus rohen geriebenen Kartoffeln auf den Tisch – die so genannten „Grünen Klöße". Das „Grün" steht dafür, dass die Kartoffeln im rohen Zustand gerieben werden. Dazu serviert man Rouladen, Wildbret, Sauer- oder Schweinebraten, Gänse-, Enten- oder Kaninchenbraten und Rotkraut, aber niemals Erbsen, Eisbein oder Pökelfleisch.

Bröckelklöße

Kartoffeln schälen, waschen und kochen, durch die Kartoffelpresse drücken, etwas abkühlen lassen. Inzwischen den gewürfelten Speck auslassen, das Bratfett zugeben, wenn es zerlaufen ist die Kartoffelmasse in die Pfanne geben, würzen, etwas andrücken. Beidseitig goldgelb braten. Dazu werden Spiegeleier oder frische Wurst gegessen.

1 kg Kartoffeln
30 g Speck
etwas Bratfett
Salz • Pfeffer

Oberlausitzer Schälklöße

Aus Mehl, Eiern, Wasser und Salz einen Nudelteig bereiten. Diesen auf einer mit Mehl bestreuten Arbeitsfläche zentimeterdick ausrollen und in 20 Stücke teilen. Kühl gestellt ruhen lassen.
Dann die Teigstücke ausrollen, bis jedes etwa die Größe von 2 Lasagneplatten hat.
Die Butter schmelzen, Semmelbrösel kurz anschwitzen. Masse auf die Nudelplatten streichen, diese zusammenrollen. Die Rollen in eine gebutterte Kasserolle legen und mit kochender Brühe übergießen. Schälklöße in der Brühe ca. 30 Minuten bei schwacher Hitze ziehen lassen.

300 g Mehl • 3 – 4 Eier
1 TL Salz • etwas Wasser
160 g Butter
200 g Semmelbrösel
Mehl für die Arbeitsfläche
1 l Gemüsebrühe

Buttermilchgetzen

2 kg Kartoffeln
1/2 l Buttermilch
Salz • 125 g Speck

VARIATIONEN

- Bratwurstscheiben in den
  Teig geben
- Teig mit fein gehackter
  Zwiebel verfeinern
- zusätzlich mit Kümmel
  würzen

Die Kartoffeln schälen und waschen, ein Viertel kochen und fein reiben, die restlichen roh reiben. Das austretende Wasser durch ein Tuch abgießen, um die Stärke aufzufangen. Rohe und gekochte Kartoffeln mischen, die aufgefangene Stärke zugeben und je nach Konsistenz Buttermilch zugießen, bis ein dickflüssiger Brei entsteht. Alles gut verrühren, leicht salzen.

Den gewürfelten Speck in einer Pfanne auslassen, den Teig ca. 1,5 cm dick darauf geben und im Ofen backen, bis der Getzen knusprig ist. In der Pfanne servieren und am Tisch verteilen.

Pellkartoffeln mit Quark

1 kg kleine Frühkartoffeln
750 g Quark
ca. 1/4 l Milch oder Sahne
Salz • Pfeffer • Kümmel
2 Bd. Schnittlauch
1 Bd. Frühlingszwiebeln
2 EL Leinöl • Leberwurst

Kartoffeln gründlich waschen und mit der Schale kochen. Den Quark mit Milch oder Sahne cremig rühren, würzen. Schnittlauch und Lauchzwiebeln waschen, trockenschütteln und in feine Ringe schneiden. Unter den Quark geben, das Leinöl einrühren. Kartoffeln pellen, mit Quark und einer Scheibe hausschlachtener Leberwurst anrichten.

Porreegemüse

Die geputzten Porreestangen in 5 cm lange Stücke
schneiden. Reichlich 1/4 Liter Wasser mit Salz,
Zucker und Zitronensaft zum Kochen bringen und
darin die Porreestücke in 15 bis 20 Minuten weich
kochen. Eine Tasse voll Gemüsewasser abschöp-
fen und aufheben, dann abgießen. Schmand mit
Eigelb, Butter, Mehl und dem Gemüsewasser ver-
quirlen und auf der heißen Herdplatte dickrühren.
Die Soße über den Porree geben.
Mit Kartoffeln und Kurzgebratenem (Rumpsteaks,
Kalbsmedaillons oder Putenschnitzel) ein leichtes
Sommeressen.

400 g Porree
1 TL Salz • 1 TL Zucker
2 TL Zitronensaft
1 EL Schmand
1 Eigelb • EL Butter
1 TL Mehl

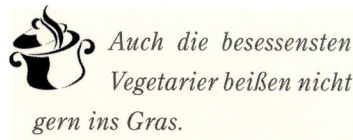
Auch die besessensten
Vegetarier beißen nicht
gern ins Gras.

Joachim Ringelnatz

Spälkle

1 kg geschälte Kartoffeln
50 g Bratfett • Salz
1 Zwiebel

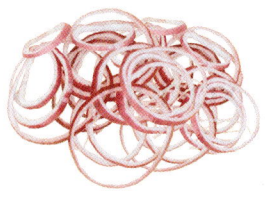

Die rohen Kartoffeln in dünne Scheiben schneiden oder hobeln. Fett erhitzen. Kartoffelscheiben portionsweise braten, dabei salzen und ab und an wenden. In Würfel geschnittene Zwiebel zugeben und so lange weiter braten, bis die Kartoffeln knusprig und die Zwiebelwürfel glasig sind.

Die Bratkartoffeln sind eine passende Beilage zu Kurzgebratenem, schmecken aber auch pur.

Meerrettich-Wirsing

1/2 Kopf Wirsing • Salz
80 – 100 g Schlagsahne
1 EL Sahnemeerrettich (Glas)
20 g kalte Butter
Cayennepfeffer
Muskatnuss

Wirsing putzen, in einzelne Blätter teilen. Diese halbieren, dabei die Blattrippe entfernen, waschen und in kochendem Salzwasser bissfest blanchieren. Kalt abbrausen, Wasser aus den Blättern drücken und klein schneiden.

Wirsing mit etwas Sahne in einer Pfanne erhitzen. Übrige Sahne mit dem Meerrettich mischen und zum Wirsing geben. Hitze reduzieren (darf nicht kochen). Butter zufügen und schmelzen lassen. Mit Salz, Cayennepfeffer und etwas frisch geriebenem Muskat abschmecken.

Feines Rotkraut

1 Rotkohl (ca. 1,5 kg)
125 g getrocknete Kirschen
1 Zwiebel
50 g Gänseschmalz
2 – 3 Lorbeerblätter
5 Gewürznelken
5 Wacholderbeeren
1/8 l trockener Rotwein
100 g Sauerkirschkonfitüre
Salz • Pfeffer
Balsamico-Essig • Zucker

Rotkohl putzen, vierteln, in Streifen vom Strunk schneiden und waschen. Kirschen grob hacken. Die Zwiebel fein würfeln und im heißen Schmalz anschwitzen. Gewürze und Kirschen ca. 5 Minuten mitdünsten. Das Kraut zugeben und 10 Minuten weiter dünsten. Rotwein angießen, Konfitüre einrühren, salzen und pfeffern. Einen Schuss Essig und eine Prise Zucker zugeben, umrühren, aufkochen und zugedeckt etwa 1 1/2 Stunden schmoren. Eventuell etwas Wein oder Wasser nachgießen. Mit Essig und Zucker abschmecken.

Stötteritzer Hemdbohnen

1 kg grüne Bohnen
6 Eier
Salz • weißer Pfeffer
2 EL Mehl • Öl

Die geputzten und gewaschenen Bohnen in Salzwasser 10 Minuten kochen. Gut abtropfen lassen, und jeweils 5 Bohnen mit Zwirn zu einem kleinen Bündel zusammenbinden. Die Eier trennen. Eigelb mit Salz und Pfeffer verschlagen, Mehl unterrühren. Eiweiß zu steifem Schnee schlagen und vorsichtig unter den Teig ziehen. Die Bohnenbündel in diesem Teig wälzen und in heißem Öl ringsum schwimmend goldbraun ausbacken.

Schwammespalken

Waldpilze gut waschen und schneiden. In einer tiefen Pfanne die Speckwürfel auslassen. Die Pilze dazugeben und kurz mitbraten. Pilze in einen Topf umfüllen, mit heißer Brühe aufgießen und köcheln lassen. Das Hackfleisch in der Speckpfanne krümelig anbraten, ebenfalls zu den Pilzen geben. Die Blutwurst in Stücke schneiden und zugeben. Etwas Tomatenmark einrühren. Zuletzt die in Würfel geschnittenen Kartoffeln hinzugeben. Kräftig mit Kümmel, Pfeffer, Salz, Essig und Zucker würzen.

500 – 600 g Waldpilze
150 g Speck
1/2 l Gemüsebrühe
300 g Hackfleisch
4 gekochte Kartoffeln
150 g Blutwurst
Tomatenmark • Kümmel
Salz • Pfeffer
Zucker • Essig

Leipziger Allerlei

25 g getrocknete Spitz-
morcheln

200 g frisches Weißbrot

200 ml Vollmilch

2 kleine Eier

Salz • Pfeffer

150 g Butter

500 g Erbsenschoten

(oder 180 g TK-Erbsen)

400 g Blumenkohl

12 feine Bundmöhren

12 Stangen weißer Spargel

(ca. 800 g)

Zucker • 30 g Mehl

1/2 EL Krebsbutter (FP)

200 ml Sahne

2 – 4 EL trockener Weißwein

8 – 12 Krebsschwänze

einige Zweige Kerbel

Die Morcheln mit 150 ml heißem Wasser übergie-ßen. Weißbrotscheiben klein schneiden, mit Milch begießen. Eier trennen, Eiweiß mit einer Prise Salz steif schlagen. 50 g Butter glatt rühren. Nachein-ander die Eigelb einrühren. Mit dem Weißbrot ver-mischen, Eiweiß unterheben. Die Klößchenmasse salzen und zugedeckt kalt stellen.

Gemüse putzen und in mundgerechte, nicht zu kleine Stücke teilen. 500 ml Salzwasser mit einer Prise Zucker aufkochen, den Spargel darin zu-gedeckt 12 Minuten garen. Nach 3 Minuten den Blumenkohl und die Möhren zugeben, nach 9 Mi-nuten die Erbsen. Gemüse mit einer Schaumkelle herausnehmen und auf einer Platte anrichten. Mit Alufolie bedeckt im Ofen bei 80 °C warm halten. Vom Kochfond 250 ml abmessen.

Aus dem Klößchenteig mit angefeuchteten Händen ca. 20 Klößchen formen. In etwas Gemüsewasser (Kochfond) etwa 8 Minuten ziehen lassen.

Morcheln kräftig ausdrücken und in kaltem Was-ser gründlich waschen, Morchelfond durch ein Sieb mit Küchentuch passieren. 80 g Butter mit Mehl und der Krebsbutter glattrühren.

Den restlichen Fond vom Gemüsekochen, das Morchelwasser und die Sahne aufkochen. Butter-Mehlmischung unter Rühren darin auflösen und 2 Minuten kochen. Mit Salz, Pfeffer und Weißwein abschmecken. Klößchen mit einer Schaumkelle aus dem Wasser nehmen und auf die Gemüseplatte legen, wieder warm stellen.

Die küchenfertigen Krebsschwänze sowie die trocken ausgedrückten Morcheln in 20 g geschmolzener Butter heiß schwenken, salzen und auf dem Gemüse verteilen, mit gehacktem Kerbel bestreuen und die Soße dazureichen.

Leipziger Allerlei wird traditionell im Mai und Juni serviert, wenn die Spargelzeit beginnt, die Schonzeit für Flusskrebse vorbei ist und das Gemüse frisch geerntet wird. Namentlich erwähnt wird dieses den Frühling feiernde Festessen erstmals in Susanna Egers Kochbuch von 1745. Die Gastwirtswitwe und „Berufsköchin" listet eine Vielfalt feiner Zutaten auf und beschreibt ausführlich die nicht gerade einfache Zubereitung. Es ist also nicht der Stadtschreiber Malthus Hempel, der das Gericht erfand. Dieser empfahl 1815 dem Abgaben geplagten Rat der Handelsmetropole: „Verstecken wir den Speck und bringen nur noch Gemüse auf den Tisch, sonntags vielleicht ein Stückchen Mettwurst oder ein Krebslein aus der Pleiße dazu. Und wer kommt und etwas will, der bekommt statt Fleisch ein Schälchen Gemüsebrühe und all die Bettler und Steuereintreiber werden sich nach Halle oder Dresden orientieren."

Für Naschkatzen &

Kuchenbäcker

Dessert · Gebäck

Sächsischer Pudding

Die Vanilleschote aufschneiden, ausschaben und beides in der Milch aufkochen, Schote anschließend entfernen. Die Milch beiseite stellen. In einem zweiten Topf die Butter erhitzen. Die Eier trennen. Mehl mit dem Schneebesen in die Butter rühren, Milch und ein Eiweiß dazugeben. Das Eigelb nach und nach einrühren. Das restliche Eiweiß steif schlagen. Ein Drittel unterrühren, den Rest unterheben.

Feuerfeste Förmchen buttern, mit Zucker ausstreuen und den Teig einfüllen. Im Wasserbad bei ca. 180 °C im Ofen 25 bis 30 Minuten backen.

Mark und Schale von
1 Vanilleschote
120 ml Milch
60 g Butter • 5 Eier
60 g Mehl
50 g Zucker

VARIATION

Den „Vater" aller süßen Aufläufe kann man durch die Zugabe von in Wein eingelegten Rosinen noch verfeinern.

Eierkuchen

Milch, Eier, Salz und Mehl zu einem glatten Teig verrühren. Etwas Öl oder Butter in einem Tiegel erhitzen, eine Kelle Teig hineingeben und breit laufen lassen.

Eierkuchen auf der Unterseite goldgelb backen und dann wenden, dabei nochmal etwas Öl bzw. Butter zugeben. Die fertigen Eierkuchen mit Zucker bestreuen, aufrollen und mit Apfelmus servieren.

1/2 l Milch • 250 g Mehl
2 Eier • Salz
Zitronenöl oder Butter
Zucker • Apfelmus

VARIATION

Mit frischen Beeren oder Kompott servieren.

Hefeklöße

30 g Hefe • 1/4 l Milch
50 g Zucker • Salz
500 g Mehl • 2 Eier
Schale von 1/2 Zitrone
50 g Butter

Dazu passen Heidelbeeren,
aber auch heiße Kirschen oder
ein Pflaumenkompott.
In Sachsen isst man sie gern
mit zerlassener Butter und
etwas Zimtzucker.

Die Hefe in etwas lauwarmer Milch mit 1 Teelöffel Zucker verrühren und an einem warmen Ort etwa 10 Minuten gehen lassen. Mehl in eine Schüssel sieben, Zucker, Salz und Zitronenschale auf den Rand, Hefemilch und Eier in die Mitte geben. Von der Mitte aus vorsichtig verkneten. Die restliche Milch und die zerlassene, abgekühlte Butter zugeben. Teig kräftig kneten und gehen lassen, bis er sich etwa verdoppelt hat. Dann Klöße formen und nochmals gehen lassen.

Klöße zugedeckt in einer Schüssel über kochendem Wasser dämpfen.

Dampfnudeln

Aus Mehl, Hefe, 1/4 Liter Milch, einen Teelöffel Zucker sowie 2 Esslöffeln Butter einen Hefeteig bereiten (vgl. Hefeklöße, Seite 80). Gehen lassen, bis der Teig etwa die doppelte Größe erreicht hat. In einem breiten, flachen Topf die restliche Butter mit dem übrigen Zucker und je 1/8 Liter Milch und Wasser sowie einer weiteren Prise Salz erwärmen. Vom Hefeteig kleine Kugeln formen und diese dicht an dicht in die Flüssigkeit legen. Abgedeckt nochmals gehen lassen. Das Gefäß mit einem Deckel gut verschließen und die Nudeln bei mittlerer Hitze etwa 30 Minuten garen, bis sie oben zartgelb sind und unten eine bräunliche Zuckerkruste haben. Mit Kompott und Vanillesoße servieren.

500 g Mehl • 30 g Hefe
3/8 l Milch • 75 g Zucker
1 Ei • 150 g Butter
Salz • Zitronenaroma

Überlieferte Speisezettel der sächsischen Königsfamilie zeigen, dass im Alltag recht „einfache" Dinge auf den Tisch kamen. Besonders gern Milchreis mit Zucker und Zimt. War Friedrich August III. „gut drauf" soll er ihn für sich und seine Kinder sogar höchstpersönlich in der Hofküche zubereitet haben.

Vanillesoße

Vanilleschote längs aufschneiden, das Mark herausschaben, mit Eigelb, Zucker, Vanillezucker und Stärke glatt rühren. Mit Milch aufgießen, die leere Vanilleschote zugeben. Bei schwacher Hitze so lange rühren, bis die Soße dick wird. Nicht kochen! Die Vanilleschote herausnehmen, heiß servieren.

1 Vanilleschote
3 Eigelb
1 – 2 EL Zucker
2 EL Vanillezucker
1 EL Speisestärke
350 ml Milch

Holunderkompott

500 g Holunderbeeren
250 g Hauspflaumen
250 g reife Birnen
60 g Zucker
je 1/2 TL gemahlene Nelken
und Zimt
75 g Schwarzbrotrinde

Holunderbeeren waschen, gründlich abtropfen lassen, dann mit einer Gabel von den Dolden streifen. Pflaumen entsteinen und halbieren, Birnen schälen, je nach Größe halbieren oder vierteln und vom Kerngehäuse befreien.

Das Obst mit wenig Wasser, Zucker, Gewürzen und der fein geschnittenen Schwarzbrotrinde in einem Topf zum Kochen bringen. Unter gelegentlichem Umrühren bei schwacher Hitze etwa 10 bis 15 Minuten zu Kompott kochen. Nochmals mit Zimt und Zucker abschmecken.

Passt zu Milchreis, Pfannkuchen, Waffeln oder Hefeklößen.

Quarkkeulchen

500 g Quark
150 g Mehl • 4 Eier
2 Pck. Vanillezucker
100 g Rosinen
Butter oder Margarine zum
Braten

Quark, Eigelb und Vanillezucker verrühren. Mehl, das zu steifem Schnee geschlagene Eiweiß sowie die Rosinen vorsichtig unterheben.

Butter oder Margarine in einer Pfanne zerlassen und die Masse darin portionsweise goldgelb braten. Mit Zimtzucker, Apfelmus oder Früchten servieren.

Leipziger Ringtaler

Kerngehäuse der Äpfel ausstechen. Dann die Äpfel schälen und in etwa 1 cm dicke Ringe schneiden. Die Apfelringe dünn mit Zucker bestreuen und mit Zitronensaft beträufeln. Eier trennen.

Mehl, Stärkemehl, Butter, 1 Prise Salz, den restlichen Zucker, Milch, Sahne und die beiden Eigelb zu einem dickflüssigen Brei verrühren. Das steif geschlagene Eiweiß vorsichtig unterheben.

Die Apfelringe durch den Teig ziehen und in heißem Fett goldgelb ausbacken.

Die fertigen Ringe mit Zimt und Zucker bestreuen und noch heiß servieren.

8 nicht zu kleine Äpfel
60 g Zucker
4 EL Zitronensaft
2 Eier
175 g Mehl
3 EL Stärkemehl
40 g Butter • Salz
1/4 l Milch
6 EL süße Sahne
Backfett
gemahlener Zimt

Goldriesling-Mousse

1 Blatt Gelatine
1/4 l Schlagsahne
1/4 l Goldriesling (trocken)
50 g Zucker
1 Pck. Vanillepuddingpulver

Die Gelatine nach Packungsanweisung einweichen. Die Sahne schlagen. Aus Wein, Zucker und Puddingpulver einen Pudding kochen. Wenn der Pudding fest wird, ausgedrückte Gelatine unterschlagen. Masse unter Rühren abkühlen lassen. Wenn die Mousse abgekühlt ist, Sahne unterheben. Für 2 Stunden in den Kühlschrank stellen.

Schokoladenschmätzchen

4 Eiweiß • 180 g Zucker
1/2 Pck. Vanillezucker
3 EL Kakao

Eiweiß steif schlagen. Zucker, Vanillezucker und Kakao mischen, unter den Eischnee ziehen. Mit einem Spritzbeutel kleine Tupfen auf ein mit Backpapier belegtes Blech setzen. Bei milder Hitze im Ofen trocknen.

Erdbeeren in Weinschaum

600 g Erdbeeren
200 g Zucker
1 Pck. Vanillezucker
1/4 l Weißwein
4 Eier • 1 Zitrone

Gewaschene Erdbeeren mit Zucker und Vanillezucker in etwas Wasser dünsten. Abgekühlte Beeren ohne Saft in Gläser füllen. Wein, Eier und Zitronensaft mischen und auf kleiner Flamme schaumig schlagen. Kalt auf den Erdbeeren verteilen.

Freiberger Eierschecke

Hefe mit etwas Zucker in wenig lauwarmer Milch auflösen. Mehl in eine Schüssel geben, Hefemilch in die Mitte geben, locker mit Mehl bedecken. Gehen lassen. Danach restliche Zutaten unterkneten, 1 Stunde an einem warmen Ort gehen lassen. Gut aufgegangenen Teig auf einem gefetteten Backblech ausrollen, mehrmals mit einer Gabel einstechen, nochmals gehen lassen.

Butter, Zucker und Eier schaumig rühren. Die Rosinen waschen und mit Rum mischen. Rosinen und Mandeln auf dem Teig verteilen, Eier-Butter-Mischung darüber gießen. Im vorgeheizten Ofen bei ca. 200 °C etwa 25 Minuten backen.

Die Freiberger Eierschecke hat nur wenig mit der Dresdner Eierschecke gemeinsam, denn sie ist sehr flach, mit nur wenigen Millimetern Scheckenmasse auf einem dünnen Hefeteigboden. Auch fehlt die Quarkfüllung. Vergleichbar anderen sächsischen Blechkuchen, wie Kirmes- und Streuselkuchen, kam dieser Kuchen bei der ärmeren Bevölkerung, zum Beispiel Bergleuten und Bauern, auf den Tisch. Der reichhaltige Belag aus Quark- und Eiermasse, die „Schecke", war nur für gutsituierte Bürger erschwinglich.

Für den Teig

30 g Hefe

100 g Zucker

1/4 l Milch

500 g Mehl

1 Prise Salz

100 g Butter

oder Butterschmalz

Für den Belag

200 g Butter

200 g Zucker

8 Eier

100 g Rosinen

2 EL Rum

100 g gehackte Mandeln

Dresdner Bienenstich vom Blech

Für den Teig

500 g Mehl • 1 Prise Salz

1 Würfel Hefe • 1/4 l Milch

80 g Butter • 100 g Zucker

1 Pck. Vanillezucker • 1 EL Öl

Für den Belag

200 g Butter

250 g Honig

300 g Mandelblättchen

6 EL Sahne

Für die Cremefüllung

400 ml Milch • 1 Prise Salz

1 Pck. Vanillepuddingpulver

75 g Zucker • 200 g Butter

Aus den Zutaten für den Teig einen Hefeteig (vgl. S. 80) bereiten. Wenn er aufgegangen ist, nochmals gut durchkneten und daraus zwei Teigböden dünn ausrollen. Eine Teigplatte in eine gefettete und mit Mehl bestäubte Fettpfanne ausrollen, sorgfältig mit Öl bestreichen. Die zweite Platte darauf legen. Nochmals etwa 1 Stunde gehen lassen.

Inzwischen für den Belag Butter und Honig erhitzen, dabei löffelweise die Sahne zugeben und aufkochen. Die Mandelblättchen unterrühren, nochmals aufkochen und unter Rühren abkühlen lassen. Den abgekühlten Belag auf dem fertigen Teig verteilen und bei 220 °C ca. 20 Minuten backen. Herausnehmen und abkühlen lassen. Die Ränder abschneiden und die obere Teigplatte mit dem Bienenstich vorsichtig abheben.

Den Pudding nach Anleitung, aber nur mit der angegeben Menge Milch kochen. Die Butter mit einer Prise Salz schaumig schlagen, den abgekühlten Pudding löffelweise unterrühren, eventuell nachsüßen. Die feste Creme auf die untere Platte streichen, den Bienenstichboden darauf setzen. Vor dem Anschneiden ruhen lassen.

Kriebsteiner Mohnkuchen

Mehl, Backpulver, Zucker, Quark, 2 Eier, Öl und eine Prise Salz gut verkneten, etwas ruhen lassen. Auf einem bemehlten Blech ausrollen.

Den Mohn in einem Topf mit einer Prise Salz, dem letzten Ei, etwas Wasser (ca. 3 - 4 Tassen) rühren, bis die Masse eine weiche, aber nicht flüssige Konsistenz hat. Grieß, den restlichen Zucker, Vanillezucker sowie die Aromen einarbeiten.

Masse erhitzen und unter ständigem Rühren etwa 5 bis 10 Minuten kochen (Vorsicht, brennt leicht an!), bis der Mohn nicht mehr zu bitter schmeckt. Mandelblättchen in einer Pfanne ohne Fett leicht rösten. Mit zerlassener Butter, Mehl und Zucker zu Streuseln verkneten.

Mohnmasse auf dem Teig verteilen, Streusel darüber geben und bei ca. 180 °C etwa 30 Minuten backen. Sofort mit Puderzucker bestreuen.

Sigmund Jähn, der erste Deutsche im All, wurde in einem Interview gefragt, wie er den 30. Jahrestag seines „außerirdischen Abenteuers" feiern werde. Seine Antwort macht dem Sachsen alle Ehre: „... vielleicht ein Stück Kuchen essen. Einen Schluck Kaffee trinken."

Für den Teig
350 g Mehl
1 Pck. Backpulver
100 g Zucker • 200 g Quark
3 Eier • 6 EL Öl • Salz

Für den Belag
375 g Mohn
2 EL Grieß • 5 EL Zucker
1 Pck. Vanillezucker
Bittermandelöl
Rum-Aroma

Für die Streusel
1 Pck. Mandelblättchen
300 g Butter • 500 g Mehl
300 g Zucker

Meißner Quarktorte

200 g Butter • 6 Eier
300 g Zucker
abgeriebene Schale und Saft
von 1/2 Zitrone
1 kg Quark • 100 g Grieß
1 EL Mehl
1 Pck. Backpulver
1 Prise Salz • 50 g Butter
Puderzucker

Butter schaumig rühren. Eier trennen. Eigelb, Zucker, Zitronenschale und -saft nach und nach zugeben und verrühren. Quark mit Grieß, Mehl und Backpulver vermengen und unter die Eigelbmasse arbeiten. Eiweiß mit 1 Prise Salz zu steifem Schnee schlagen und unter die Masse heben.
Eine Springform ausfetten, den Teig einfüllen. Die Torte im vorgeheizten Backofen bei 180 °C etwa 60 Minuten backen. Noch heiß mit zerlassener Butter bestreichen, mit Puderzucker bestäuben.

Süße Sahne-Röllchen

125 g zerlassene Butter
50 g Zucker
50 g Akazienblütenhonig
100 g Mehl
1 TL gemahlener Ingwer
2 EL Rum • 1 EL Zitronensaft
3/8 l Schlagsahne
1 EL Zucker • 1 EL Weinbrand

Butter, Zucker und Honig auf kleiner Flamme rühren, bis sich der Zucker gelöst hat. Auskühlen lassen. Das gesiebte Mehl einrühren. Ingwer, Weinbrand und Zitronensaft zugeben. Ein Backblech buttern. Teig mit einem Teelöffel mit großem Abstand in kleinen Häufchen aufsetzen. Bei Mittelhitze etwa 8 bis 10 Minuten backen. Noch warm vom Blech nehmen und um etwas Rundes wickeln, abkühlen lassen, abstreifen. Vor dem Servieren mit steif geschlagener Weinbrand-Sahne füllen.

Felsches Apfelkuchen

350 g Mehl • 250 g Zucker
2 Pck. Vanillezucker
1 Prise Salz
1 Msp. Backpulver • 4 Eier
175 g Butter • 200 g Schmand
1 Pck. Vanillepuddingpulver
800 g Äpfel • 1 Msp. Zimt
Puderzucker

VARIATION

1 bis 2 TL Lavendelblüten
unter die Apfelwürfel mischen

Aus 200 g Mehl, 75 g Zucker, 1 Päckchen Vanillezucker, Salz, Backpulver, 1 Ei und 100 g weicher Butter einen Teig kneten und diesen passend für die Springform ausrollen. In die gefettete Form geben und mehrmals einstechen. Kalt stellen.

Schmand mit 100 g Zucker, Puddingpulver, Vanillezucker und 3 Eiern verquirlen. Die Äpfel schälen und grob gewürfelt auf dem Boden verteilen. Dann die Schmandmasse darüber geben. Aus den restlichen Zutaten Streusel herstellen und diese auf dem Kuchen verteilen. Bei 175 °C etwa 45 bis 50 Minuten backen. Mit Puderzucker bestreuen.

Pflaumenkuchen mit Makronengitter

Für den Mürbeteig 100 g Butter, 75 g Zucker, 150 g Mehl, 1 Ei und 1 Prise Salz zu einem weichen Teig verarbeiten. Eine Springform fetten, Teig in die Form geben und mit leicht bemehlten Händen zu einem flachen Boden drücken. Ca. 30 Minuten kalt stellen. Im vorgeheizten Backofen bei Mittelhitze 5 Minuten vorbacken.

Pflaumen waschen, halbieren und entsteinen. 100 g Butter, 1 Prise Salz, Vanille- und 125 g Zucker sowie 3 Eier cremig rühren. 175 g Mehl, Backpulver und Stärke mischen, portionsweise zufügen und unterrühren. Teig auf den vorgebackenen Teig geben, glatt streichen. Pflaumen darauf verteilen. Kuchen weitere 50 Minuten backen.

Marzipan grob raspeln und mit den restlichen Eiern sowie Zucker glatt rühren, 25 g Mehl zufügen. Makronenmasse in einen Spritzbeutel mit großer Sterntülle füllen. Kuchen nach ca. 35 Minuten aus dem Ofen nehmen und die Makronenmasse als Gitter auf den Kuchen spritzen. Weitere 15 Minuten backen. Aus dem Ofen nehmen, vom Springformrand lösen, in der Form auskühlen lassen. Aus der Form lösen und mit Puderzucker bestäuben.

200 g weiche Butter
250 g Zucker • 350 g Mehl
6 Eier • Salz
500 g Pflaumen
1 Pck. Vanillezucker
1/2 Pck. Backpulver
25 g Speisestärke
300 g Marzipan-Rohmasse
2 EL Puderzucker

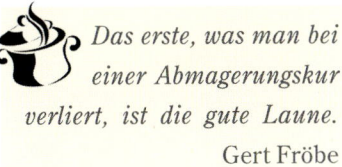

Das erste, was man bei einer Abmagerungskur verliert, ist die gute Laune.
Gert Fröbe

Kirschkuchen mit Streuseln

400 g Mehl
230 g weiche Butter
175 g Zucker
2 Pck. Vanillezucker
1 Prise Salz
1 Glas Schattenmorellen
1 Pck. Vanillepuddingpulver
3 EL Kirschmarmelade
Bittermandelaroma
Zitronensaft
4 EL Mandelblättchen
Puderzucker

Mehl, 150 g Zucker, 1 Päckchen Vanillezucker und Salz mischen, die Butter in Stückchen dazugeben und zügig zu Streuseln verkneten. Kalt stellen, bis die Kirschfüllung fertig ist.

Kirschen in ein Sieb gießen, den Saft auffangen. Puddingpulver und den restlichen Zucker mit einem Teil des Kirschsafts glatt rühren. Nach Packungsanweisung einen festen Pudding kochen. Die gut abgetropften Kirschen, Kirschmarmelade, Mandelaroma und den zweiten Vanillezucker unterrühren. Mit etwas Zitronensaft würzen.

2/3 der Streusel in eine gefettete Springform geben und fest drücken, dabei einen kleinen Rand hochziehen. Die Kirschfüllung auf dem Boden verteilen und die restlichen Streusel gleichmäßig darauf verteilen. Mandelblättchen darüber streuen.

Im vorgeheizten Ofen bei 180 °C ca. 45 bis 50 Minuten backen, bis die Streusel goldbraun sind.

Noch heiß dick mit Puderzucker besieben und auf einem Kuchengitter abkühlen lassen.

Schwarzbeerkuchen

Aus den genannten Zutaten einen klassischen He-feteig herstellen (vgl. S. 80). An einem warmen Ort mindestens 20 Minuten gehen lassen.

Für die Schaummasse Butter, Zucker und Ei weißschaumig schlagen. Den Schaum unter den Hefeteig rühren, sodass ein lockerer Teig ent-steht. Nochmals gehen lassen. Ausrollen, in eine gefettete Springform geben und mit Semmelmehl bestreuen. Die gewaschenen und gut abgetropften Beeren auf dem Teig verteilen. Kuchen bei mittle-rer Hitze ca. 30 bis 35 Minuten backen.

Nach dem Auskühlen mit Zucker bestreuen.

Für den Teig
250 g Mehl • 15 g Hefe
1/8 l Milch • 1/2 TL Salz

Für die Schaummasse
60 g Butter
60 g Zucker • 1 Ei

Für den Belag
750 g Heidelbeeren
75 g Semmelmehl
3 EL Zucker

Sächsischer Stollenkuchen

1 Würfel Hefe

250 ml Milch

500 g Mehl • 100 g Zucker

80 g Margarine • Salz

150 g gekochte Kartoffeln

1 Vanilleschote oder

1 Pck. Vanillezucker

abgeriebene Schale von

½ Zitrone • 2 EL Rum

100 g Rosinen • 50 g Zitronat

50 g Orangeat

Die Hefe in etwas lauwarmer Milch auflösen. Aus Mehl, Zucker, der restlichen Milch, Magarine und etwas Salz einen Hefeteig bereiten (vgl. S. 80). An einem warmen Ort zugedeckt gehen lassen.

Kartoffeln durch die Presse drücken. Vanillestange längs aufschlitzen und das Mark herauskratzen. Vanillemark, Kartoffeln, Zitronenschale, Rum, Rosinen, Zitronat und Orangeat in den aufgegangenen Teig einkneten. Je länger der Teig geknetet wird, desto lockerer ist am Ende der Kuchen. Nochmals gehen lassen. Den Teig, wenn er sich in etwa verdoppelt hat, auf ein mit Backpapier belegtes Blech ausrollen. Weitere 15 Minuten gehen lassen.

Im vorgeheizten Ofen bei guter Mittelhitze etwa 30 bis 40 Minuten backen. Sofort mit zerlassener Butter bestreichen und reichlich Puderzucker darüber sieben. Schmeckt lauwarm am besten!

Vor mehr als 500 Jahren buken Naumburger Mönche Laibe aus Hefeteig und Rosinen, um damit das in Windeln gewickelte Christuskind darzustellen. Erst ein findiger Dresdner Bäcker fügte Orangeat, Zitronat und weitere Gewürze hinzu und nannte es „Christstollen".

Rezeptverzeichnis

Es kamen zu Wort ...

Hans Chr. Andersen *(1805 - 1875)*
Während seiner 30 großen Reisen kam er 32-mal nach Dresden und 15-mal ins nahe Maxen. Dort schrieb er: „Des Herzens Sonnenschein in Sachsen, er strahlt am schönsten doch in Maxen".

Johann S. Bach *(1685 - 1750)*
War von 1723 bis 1750 Thomaskantor in Leipzig. Allerdings wäre er lieber „Hofkompositeur" in Dresden gewesen, da er mit der Bezahlung, den hohen Lebenshaltungskosten und der Obrigkeit in Leipzig unzufrieden war.

Friedrich A. Brockhaus *(1772 - 1823)*
Leipziger Verleger und Herausgeber des „Conversations-Lexicons", der späteren Brockhaus Enzyklopädie.

Gert Fröbe *(1913 - 1988)*
Geboren in Zwickau, wo er seine Karriere als Kulissenschieber und Handlanger im Stadttheater begann. Nebenbei tingelte er als Stehgeiger und war dank seines rötlichen Haarschimmers als „Där rode Geicher von Zwigge" bekannt.

Johann W. Goethe *(1749 - 1832)*
Begann auf Geheiß des Vaters 1765 ein Jurastudium in Leipzig. Die Romanze mit der Wirtstochter Käthchen Schönkopf ging in die Literaturgeschichte ein.

Sigmund Jähn *(*1937)*
Der Vogtländer aus Morgenröthe-Rautenkranz startete 1978 als erster Deutscher in den Weltraum.

Martin Luther *(1483 - 1546)*
Der Reformator der Kirche wohnte von 1511 bis zu seinem Tode 1546 ständig in Wittenberg (Kurfürstentum Sachsen).

Karl May *(1842 - 1912)*
Der Sachse, der Radebeul kaum verließ, ist einer der meistgelesenen und laut UNESCO auch der am häufigsten übersetzte deutsche Schriftsteller.

Friedrich Nietzsche *(1844 - 1900)*
Der Philosoph wurde nahe Lützen, in der preußischen Provinz Sachsen geboren.

Joachim Ringelnatz *(1883 - 1934)*
In Wurzen geborener Schriftsteller und Kabarettist.

Arthur Schramm *(1895 - 1994)*
War ein deutscher Volks- und Mundartdichter, vor allem aber ein erzgebirgisches Original.

Katarina Witt *(*1965)*
Mehrfache Europa- und Weltmeisterin sowie zweifache Olympiasiegerin im Eiskunstlaufen,; trainierte vorwiegend in Karl-Marx-Stadt (Chemnitz).

Johann Zedler *(1706 - 1751)*
Buchhändler in Leipzig; verlegte das „Grosse vollständige Universal-Lexicon Aller Wissenschafften und Künste", heute als „der Zedler" bekannt.